PARACORD

Stocker
STV

CAITLIN WYNNE

PARACORD

DEKO UND ACCESSOIRES FÜR ZUHAUSE

LEOPOLD STOCKER VERLAG

Graz – Stuttgart

Umschlaggestaltung: DSR – Werbeagentur
Rypka, A-8143 Dobl/Graz
Alle Abbildungen und Illustrationen:
Quarto Publishing plc.

Titel der englischen Originalausgabe:
Caitlin Wynne: Made in Paracord. 25 Great
Jewellery, Accessories and Home Projects
to Knot. Copyright © 2015 Quarto Publishing
plc, The Old Brewery, 6 Blundell Street,
London N7 9BH, United Kingdom,
www.quarto.com

Aus dem Englischen übertragen von
Nina Schön.

BIBLIOGRAPHISCHE INFORMATION DER
DEUTSCHEN NATIONALBIBLIOTHEK:
Die Deutsche Nationalbibliothek verzeichnet
diese Publikation in der Deutschen
Nationalbibliographie; detaillierte
bibliographische Daten sind im Internet
über http://dnb.d-nb.de abrufbar.

AUF WUNSCH SENDEN WIR
IHNEN GERNE KOSTENLOS UNSER
VERLAGSVERZEICHNIS ZU:
Leopold Stocker Verlag GmbH
Hofgasse 5 / Postfach 438
A-8011 Graz
Tel.: +43 (0)316/82 16 36
Fax: +43 (0)316/83 56 12
E-Mail: stocker-verlag@stocker-verlag.com
www.stocker-verlag.com

ISBN 978-3-7020-1621-0

INHALT

WILLKOMMEN IN CAITLINS WELT!

„ **Ich mag Minimalismus. Ich mag es, anders zu sein. Aber vor allem liebe ich die Innovation.**

Während meines Studiums an der Dänischen Designschule Kopenhagen habe ich die Kunst des Makramee für mich entdeckt. Ich hätte mich niemals als „Handarbeitsprofi" oder auch nur als Künstlerin bezeichnet; ich war immer eine Designerin. Aber ich bemerkte schon bald, nachdem ich meine Faszination für Makramee entwickelt hatte, dass diese Textilkunst alles hatte, was mir wichtig war, und ich wollte ihr Gestalter sein.

Dieses Handwerk hat mich in seinen Bann gezogen, als ich in Kopenhagen über einen Vintage-Shop gestolpert bin, der sich ganz Makramee-Hängetöpfen aus den 1970er-Jahren verschrieben hat. Ich hatte zuvor noch nie etwas von Makramee gehört, aber durch meine Liebe zur Natur fühlte ich mich zu diesen großartigen Kunstwerken hingezogen. Ich musste das sofort lernen! Ich begann damit, Strandterrarien in das Innere der Hängetöpfe zu setzen. Für mich war das die Perfektion. Nachdem ich jahrelang Muscheln von Stränden aus aller Welt gesammelt hatte, war das die Gelegenheit, ihnen auch einen Zweck zu geben. Ich hatte große Freude daran, diese Terrarien zu basteln und Menschen die Möglichkeit zu geben, in ihren Wohnungen ein Stück Natur zu haben, das nur minimaler Pflege bedurfte. Die Menschen ließen sich mehr und mehr von den Makramee-Hängetöpfen mit den Strandterrarien verzaubern und so begann ich, mir einen Ruf als Makramee-Künstlerin aufzubauen.

Weniger ist mehr.

Makramee ist unkompliziert und geradlinig und Sie benötigen nur ein Seil, um eine ganze Welt voller einfacher, innovativer und hübscher Dinge zu kreieren. Ich habe dieses Handwerk mit Seilen aller Arten und Formen erkundet und Paracord ist eines meiner Lieblingsmaterialien geworden, weil es so viele Farben gibt und es unglaublich wetterbeständig und haltbar ist. Ich glaube daran, Werkstücke zu gestalten, die ein Leben lang halten, Stücke, die von Generation zu Generation weitergegeben werden können und leben, um ihre Geschichte zu erzählen.

Meine Inspiration finde ich im skandinavischen Design und in meiner Liebe zur Natur. Diese beiden speziellen Leidenschaften haben sich zu einem einzigartigen Stil vereint, der durch meine Hände als Werkzeuge verwirklicht wird. Es liegt so viel Freiheit darin, die Hände zum kreativen Gestalten zu verwenden – die Welt, die es zu erforschen gilt, wird so viel intimer und spannender.

Für dieses Buch habe ich sowohl große als auch kleine Projekte ausgewählt, damit Sie die grundlegenden Kenntnisse für Ihre Reise ins Makramee erhalten und eine Vorstellung davon bekommen, was alles möglich ist. Ich wünsche mir, dass dieses Buch Ihre Inspiration wird, um Werkstücke zu gestalten, die nicht nur schön, sondern auch innovativ sind, denn das ist der Grund, warum ich Makramee liebe: Es geht nicht nur darum, hübsche Dinge zu kreieren, sondern es geht auch darum, Sachen herzustellen, die die Welt gebrauchen kann.

Und macht unsere Welt zu einem schöneren Ort.

PARACORD UND DIE KUNST DES MAKRAMEE

Makramee mit Paracord ist ein lohnenswertes Handwerk, das unzählige kreative Möglichkeiten bietet. Bevor Sie Ihre Werkstücke beginnen, sollten Sie Paracord ein bisschen besser kennenlernen und erfahren, wo Sie dieses vielseitige Material finden können, welche Werkzeuge Sie benötigen und wo Sie diese kaufen können. Dann schauen wir uns noch die Bedeutung von Farbe an, wenn man mit Paracord arbeitet, und erkunden einige Farbpaletten, damit Sie mit Ihren eigenen Designideen loslegen können.

Paracord

Paracord, auch bekannt als Fallschirmschnur (engl.: Parachute cord), wurde ursprünglich für die Fangleinen von Fallschirmen während des Zweiten Weltkriegs verwendet. Schnell wurde Paracord aufgrund seiner außergewöhnlichen Tragkraft und Leichtigkeit sowie der wetterbeständigen Nylonfaser des Mantels zu einer weit verbreiteten Multifunktionsschnur. Diese Eigenschaften machen ihn zu einem perfekten Material für Handarbeiten.

Paracord gibt es in ein paar verschiedenen Typen und Stärken, allerdings ist der handelsüblichste und am weitesten verbreitete der Paracord 550. Wie der Name schon vermuten lässt, hat diese Schnur eine Tragkraft von 550 Pfund, was 250 kg entspricht.

Paracord 550 ist leicht zu finden und relativ günstig. Am leichtesten ist es, ihn online zu bestellen, da Sie hier aus einer Fülle an Farben und Längen wählen können. Die Farben können je nach Bezugsquelle stark variieren, sodass einige Farben zwar denselben Namen, aber völlig verschiedene Farbtöne haben. Deshalb ist es am sichersten, in Ihrem Baumarkt vor Ort zu suchen oder beim Onlineshop vor dem Kauf nach Farbmustern zu fragen, wenn Sie eine ganz bestimmte Farbe benötigen.

MIT DEM WERKZEUG AUF DU

Jedes Projekt wird von einer Liste mit speziellem Werkzeug begleitet, aber diese drei grundlegenden Ausrüstungsgegenstände brauchen Sie für jedes Werkstück:

· Schere
· Feuerzeug
· Maßband

Zusätzlich erweist sich ein S-Haken, den Sie an einen Türgriff, eine Vorhangstange oder eine andere Haltevorrichtung hängen können, als nützlich. Sie können das Werkstück dann an den Haken hängen, der die bequeme und feste Basis für Ihre Arbeit ist. Diese Vorrichtung kann sowohl vertikal als auch horizontal verwendet werden, je nachdem, ob Sie beim Knüpfen Ihres Makrameestücks stehen oder sitzen. Im Sitzen finden Sie den S-Haken wahrscheinlich zu hoch, um leicht knoten zu können. Abhilfe schaffen Sie, indem Sie ein Stück Seil an den Haken knoten und so die Höhe anpassen.

NÜTZLICHER KLEINKRAM
Für einige Arbeiten in diesem Buch brauchen Sie lediglich Paracord, während für andere zusätzliches Material notwendig ist, wie etwa Schnallen oder Schmuckschließen. Wenn Sie auf der Suche nach diesen Gegenständen sind, versuchen Sie es erst im heimischen Baumarkt oder in einem Bastelgeschäft. Sollten Sie dort kein Glück haben, bestellen Sie im Internet. Ebay und Etsy sind gute Plattformen, um Teile für Schmuckstücke, Perlen, Fäden, Secondhandartikel und sogar Paracord zu ergattern.

ACHTUNG
Seien Sie bitte vorsichtig, wenn Sie an Ihren Werkstücken arbeiten, vor allem, wenn Sie Paracord schmelzen, kleben und schneiden.

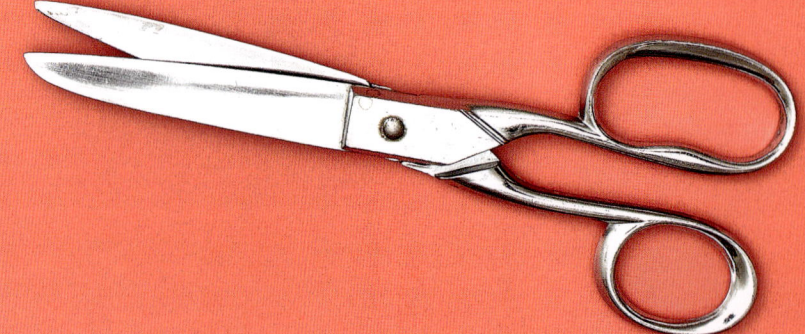

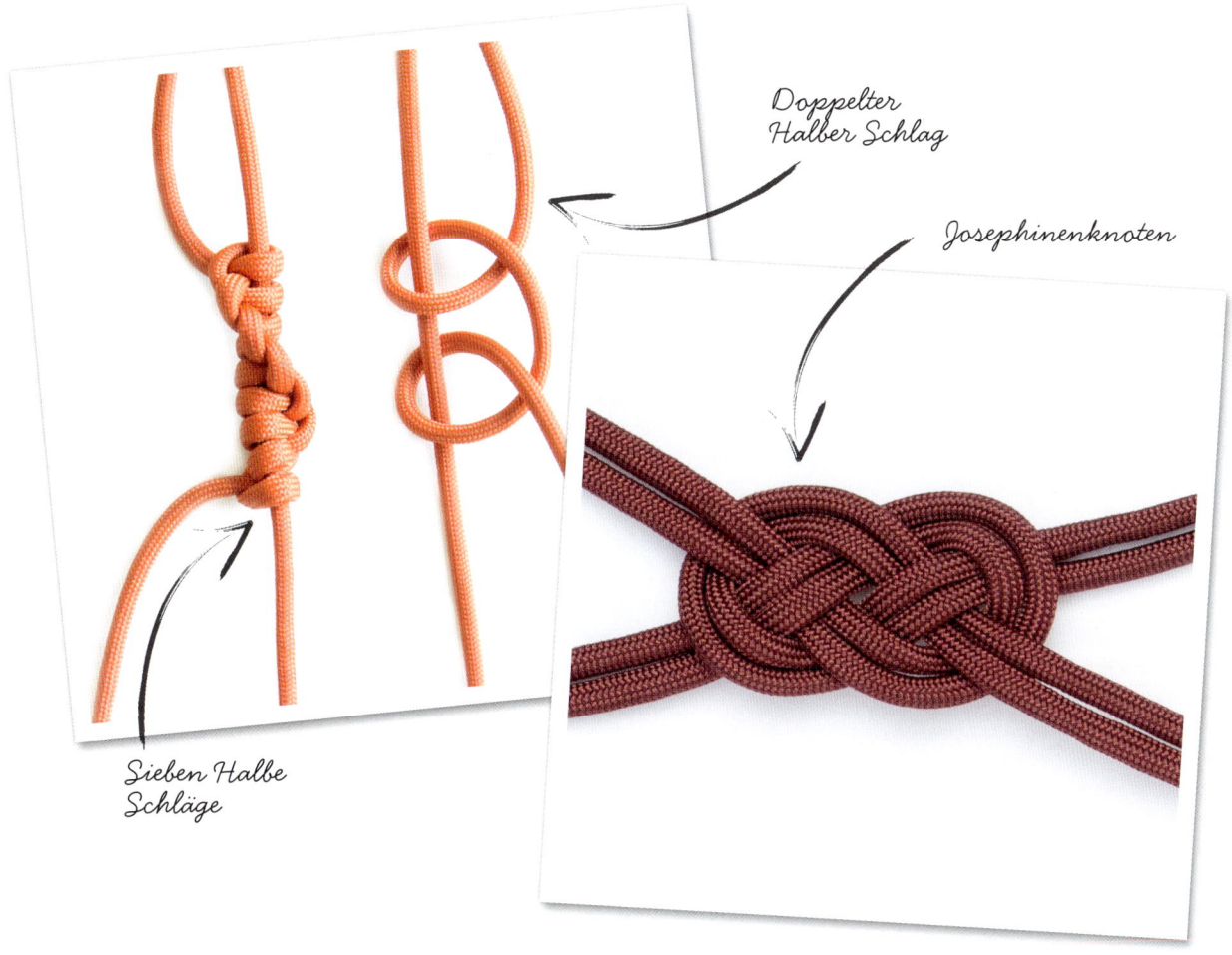

Doppelter Halber Schlag

Josephinenknoten

Sieben Halbe Schläge

KNOTENKUNDE

Auf den Seiten 114–127 dieses Buchs finden Sie Schritt-für-Schritt-Anleitungen für alle Makrameeknoten, die für die Werkstücke gebraucht werden, vom Türkenbund bis zum versetzten Kreuzknoten. Machen Sie sich zuerst mit allen Knoten vertraut – und üben Sie sie! Wenn Sie die Knoten beherrschen, wissen Sie genug, um Ihrer Kreativität freien Lauf zu lassen und bezaubernde Dinge zu knüpfen. Jede Arbeit in diesem Buch wurde so entworfen, dass Sie mit der Technik anfangen können, aber genug Raum für Neuerungen haben. Verwenden Sie diese Projekte als Leitfaden und Sprungbrett für Ihre eigene Kreativität.

MIT FARBE ARBEITEN

Farbe ist essentiell für jedes Handarbeitsdesign. Wann immer Sie ein Paracordstück planen, nehmen Sie sich die Zeit, um zu überlegen, welche der zahllosen Farben, Nuancen, Muster und Veredelungen Ihrem Ziel am nächsten kommen. Wenn Sie sich von der riesigen Auswahl überwältigt fühlen, werfen Sie einen Blick auf die Beispiele verschiedener Farbkombinationen in diesem Buch. Vielleicht sind Sie nützlich, wenn Sie mit Farben experimentieren, um Ihren eigenen Stil zu finden.

FARBEN UND KNOTEN

Beim Designen Ihrer Werkstücke müssen Sie sich die Frage stellen, welche Paracordfarbe zu den Knoten passt, die Sie verwenden möchten. Knoten können einfach sein, aber auch sehr komplex, was Ihre Wahl beeinflussen kann. So passt bunt gemusterter Paracord vielleicht nicht zu einem sehr komplexen Knoten.

ERDTÖNE ODER NEONFARBEN?

Wenn Sie Farben auswählen, stellen Sie sicher, dass diese zum selben „Farbschema" gehören. Entscheiden Sie sich für ein Schema und arbeiten Sie damit - aber mischen Sie es nicht mit einem anderen, da die Farben dann nicht zusammenpassen. Wenn Sie leuchtende Farben wählen, dann geben Sie Gas und toben Sie sich aus. Wenn Sie zarte oder erdige Farbtöne wählen, arbeiten Sie kontrollierter, um Ihr Werkstück elegant zu gestalten.

Komplexe Knoten wirken einfarbig am besten

Erdtöne

GLÄNZEND ODER MATT

Paracord ist sowohl mit glänzender als auch mit matter Oberfläche erhältlich. Die Schnur wird nur nicht oft als „glänzend" beworben, da sie normalerweise immer aus glänzendem Nylon gefertigt wird. Allerdings bieten einige Hersteller Paracord mit einer matteren Oberfläche an. Probieren Sie beide Varianten einmal aus!

Beachten Sie, dass es meistens am besten wirkt, innerhalb einer Arbeit an einer Oberflächenbeschaffenheit festzuhalten. Die beiden Varianten können einander aber auch perfekt ergänzen, allerdings nur in bestimmten Fällen, etwa wenn zwei matte Farben und eine glänzende Metallic-Farbe aus demselben Farbschema zusammenkommen, kann das toll aussehen.

SCHNURRESTE UND SPRÜHFARBE

Während Sie sich Ihren Weg durch die Seiten dieses Buchs knüpfen, werden Sie wahrscheinlich eine große Menge an Schnurresten in den verschiedensten Farben aufbauen. Um Ihre Reste zu verwerten, können Sie eine Dose Sprühlack kaufen und sie besprühen! Sie können alternativ auch die fertige Arbeit aus Schnurresten mit Farbe besprühen.

Matte Schnur

SCHMUCK-STÜCKE

EINFACHES ARMBAND

Für dieses minimalistische Armband wird der traditionelle Türkenbund verwendet. Obwohl es sowohl schön anzusehen als auch ganz offensichtlich modern ist, lässt es sich dennoch leicht genug knüpfen, um als Einstieg in Paracord und Makramee zu dienen.

MASSE

⭕ Maximaler Innenumfang: 23 cm

MATERIAL & WERKZEUG

4 m Paracord
1 Glas, Dose oder ähnlicher
    runder Gegenstand
Maßband
Schere
Klebeband
Feuerzeug

ANLEITUNG

1 Paracord abmessen und zuschneiden:
1 x 4 m

2 Ein Ende der Schnur an Ihrem runden Gegenstand mit Klebeband anbringen. Dieser Gegenstand hilft Ihnen am Anfang der Arbeit.

3 Arbeiten Sie um Ihren runden Gegenstand herum und knüpfen Sie 3 ganze Durchgänge des Türkenbunds (siehe Seite 121). Achten Sie darauf, dass der zweite und der dritte Durchgang parallel zum ersten verlaufen. Die Schnur sollte auf der Innenseite des Armbands starten und enden.

4 Nach Fertigstellung der drei Durchgänge die überschüssige Schnur abschneiden und dabei 5 mm an jedem Ende stehenlassen. Mit dem Feuerzeug beide Enden miteinander verschmelzen und mit der Schere gemeinsam nach unten drücken. Achten Sie darauf, dass die Enden flach geschmolzen und im Inneren Ihres Armbands versteckt werden.

ANMERKUNG

Verwenden Sie einen runden Gegenstand - beispielsweise ein Glas oder eine Dose - mit dem richtigen Umfang, um ein Armband zu gestalten, das locker um Ihr Handgelenk passt. Probieren Sie es mit einem Stück Schnur (oder Ihrem Lieblingsarmband) aus, um den richtigen Umfang zu finden.

VERWENDETE KNOTEN

Türkenbund (siehe Seite 121)

EINFACHE HALSKETTE

Wenn Sie nach einem leichten Werkstück suchen, das kreativ und stylish ist, dann ist die Halskette hier genau das Richtige für Sie. Sie benötigen zwar nur einen Grundknoten, aber die verschiedenen Farbtöne, Farben und Muster regen sicher Ihre Kreativität an.

MASSE
↔ 4 Kugeln, je 2,5 cm Durchmesser

MATERIAL & WERKZEUG
4 m Paracord in verschiedenen Farben
1 Halskette oder Halsband aus Leder oder Metall
Maßband
Schere
Feuerzeug
1 große stumpfe Nadel

ANLEITUNG

1 Paracord abmessen und zuschneiden:
4 x 1 m
Seien Sie kreativ bei der Wahl Ihrer Farben!

2 Verwenden Sie vier verschiedenfarbige Paracordstücke, um vier Affenfaustknoten zu knüpfen (siehe Seite 124).

3 Den überschüssigen Paracord an den Enden sauber abschneiden. Mit dem Feuerzeug beide Enden verschmelzen und mit Hilfe der Schere in die Kugel schieben. Denken Sie daran, dass die Enden heiß und geschmolzen sein müssen, wenn sie in die Kugel gesteckt werden, damit der Knoten sich nicht wieder löst.

4 Mit der großen stumpfen Nadel die Kette oder das Lederband durch die Mitte einer jeden Kugel fädeln. Achten Sie darauf, bei jeder Kugel in die gleiche Stelle einzustechen, damit die Halskette gleichmäßig aussieht.

ANMERKUNG
Seien Sie kreativ in der Anzahl der Affenfäuste, die Sie knüpfen! Der Look variiert, wenn Sie mehr oder weniger Knoten einarbeiten.

VERWENDETE KNOTEN

Affenfaustknoten (siehe Seite 124)

VERWENDETE KNOTEN

Kettenstek (siehe Seite 124)

STATEMENT-HALSKETTE

Setzen Sie mit dieser üppigen Makrameehalskette ein Statement.
Die dicke, im Kettenstek geknüpfte Textur steht klar im Kontrast zu
dem zarten Stickgarn. Jeder wird wissen wollen, wo Sie diese Kette
gekauft haben, ganz egal, ob Sie sich damit selbst oder einer Freundin
ein Geschenk machen.

MASSE
↕ 38 cm (maximale Länge)

MATERIAL & WERKZEUG
8 m Paracord
Stickgarn in 3 Farben
2 Endkappen, 1 cm im
    Durchmesser
1 Schmuckschließe
    (1 Schmuckkarabiner und
    2 Ringe)
Maßband
Schere
Superkleber
Zange

ANLEITUNG

1 Paracord abmessen und zuschneiden:
4 x 2 m

2 Alle vier Längen Paracord zu einer zusammennehmen
– arbeiten Sie damit, als wäre es nur eine dicke Schnur.
Messen Sie von einem Ende der Schnüre aus 30 cm ab.
Beginnen Sie hier Ihren Kettenstek (siehe Seite 124).

Vier Paracordschnüre werden zu einer genommen.

Kettenstek 30 cm vom Ende aus knüpfen. (Schritt 2)

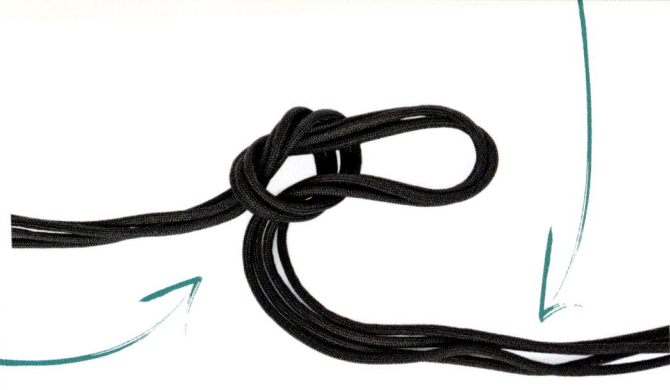

3 Knüpfen Sie im Kettenstek, bis Sie sieben vollständige Schlingen haben.

Ihre Kette ist mit sieben Schlingen vollständig.

4 Das Stickgarn in der ersten Farbe an einem Ende des Kettensteks um die Schnüre wickeln. Arbeiten Sie eine 5 cm lange, gleichmäßige Wicklung um den Paracord. Das Garn fest um den Fadenanfang wickeln, um ihn zu befestigen. Wenn Sie fertig sind, die Enden miteinander verknoten und in einer Länge von etwa 1,5 cm abschneiden.

Stickgarn in der 1. Farbe über 5 cm entlang des Paracords wickeln.

Loses Ende unter der 2. Garnfarbe befestigen. (Schritt 5)

Gleichmäßige Wicklung

5 Suchen Sie die Farbe für das zweite Stickgarn aus. Wickeln Sie es um den Paracord, sodass die losen Enden der ersten Farbe verdeckt werden. 5 cm entlang des Paracords weiterwickeln. Die Enden wie in Schritt 4 miteinander verknoten und abschneiden.

6 Schritt 5 mit dem Stickgarn in der dritten Farbe wiederholen. Die Enden des Garns verknoten und in die Wicklung stecken, um sie zu verstecken.

7 Die Schritte 4-6 am anderen Ende des Kettensteks wiederholen.

8 Beide Enden des Paracords auf die gewünschte Länge der Halskette zuschneiden. Die Enden mit Klebstoff versehen und in die Endkappen drücken. Wenn der Klebstoff trocken ist, die Schmuckschließe mit einer Zange anbringen.

ANMERKUNG
Seien Sie kreativ in der Wahl Ihrer Farben des Paracords und Stickgarne. Eine Vielzahl von Looks kann allein mit der Änderung von zarten Farben und Texturen zu leuchtenden Kontrasten erreicht werden.

ÜBERLEBENS-ARMBAND

Das ist das perfekte „Männerarmband". Vielleicht findet er es lustig, das zu hören, aber immerhin sagt der Name doch schon, dass dieses Armband im wahrsten Sinne des Wortes sein Leben retten könnte. Da es aus einem langen Stück Paracord geknüpft wird, können die Knoten im Notfall gelöst werden.

MASSE

↕ Maximaler Umfang: 25 cm

MATERIAL & WERKZEUG

3 m Paracord
1 Schäkel
Maßband
Schere
Feuerzeug

ANLEITUNG

1 Paracord abmessen und zuschneiden:
1 x 3 m

2 Mit dem Maßband den benötigten Handgelenksumfang abmessen und dann 4 cm für die korrekte Armbandlänge dazurechnen. Dieses Maß benötigen Sie für Schritt 4.

3 Den Schäkel öffnen. Mit dem Ende Ihrer Schnur einen Ankerstich (siehe Seite 115) um die Mitte des Schäkels machen.

4 Das Maß aus Schritt 2 sorgfältig vom Schäkel aus entlang der Schnur messen, dann den Paracord doppelt nehmen und zurück zum Schäkel führen.

Ankerstich

VERWENDETE KNOTEN

Ankerstich (siehe Seite 115)
Fischgrätknoten (siehe Seite 125)

5 Fädeln Sie das Arbeitsende des Paracord
hinter das U und durch die
Vorderseite des Ankerstichs.

*Arbeitsende hinter das U und
durch die Vorderseite des Ankerstichs führen. (Schritt 5)*

Schäkel

*Schlinge in
Armbandlänge*

*Für den Fischgrätknoten das
Arbeitsende hinter die erste
Schnur bringen. (Schritt 6)*

*Arbeits-
ende*

6 Nun können Sie mit dem Fischgrätknoten (siehe Seite 125) beginnen.
Dies tun Sie, indem Sie auf der Rückseite
anfangen.

7 Den Fischgrätknoten entlang des
Paracords weiterknüpfen, bis Sie am
Ende eine 4 cm lange Schlinge haben.
Lassen Sie das Arbeitsende der Schnur
los, sodass es lose über dem Armband
liegt.

Arbeitsende liegt obenauf. (Schritt 7)

Schlinge (4 cm) stehenlassen.

8 Das Arbeitsende über die Schlinge führen, sodass diese sich in zwei kleinere Schlingen aufteilt.

9 Beide Enden des Paracords auf 8 mm abschneiden. Mit dem Feuerzeug beide Enden verschmelzen und mit der Schere gemeinsam nach unten drücken. Die beiden kleinen Schlingen zwischen die Löcher des Schäkels legen und den Stift hindurchschieben.

ARMBAND MIT DEM GEWISSEN ETWAS

Für dieses schnell geknüpfte Werkstück brauchen Sie nur einen wichtigen Makrameeknoten, nämlich den Kreuzknoten. Durch ein Stück Kupferrohr zum Basteln entsteht so ein tolles, handgemachtes Schmuckstück mit einem Hauch von modischem Blingbling.

MASSE

↕ Maximaler Umfang: 25 cm

MATERIAL & WERKZEUG

2,6 m Paracord
1 Stück Kupferrohr: Für das
   hier gezeigte Armband
   wurde ein 2,5 cm langes
   Stück Rohr mit 1,5 cm
   Durchmesser verwendet.
Maßband
Schere
Feuerzeug

ANMERKUNG

Die angegebenen Paracordlängen ergeben ein Armband mit einem Umfang von 25 cm. Kürzen Sie sie, wenn ein kürzeres Armband besser um Ihr Handgelenk passt.

ANLEITUNG

1 Paracord abmessen und zuschneiden:
1 x 60 cm
1 x 2 m

2 Das 60 cm lange Stück Paracord doppelt nehmen und die Enden mit einem Überhandknoten (siehe Seite 115) verknoten. Diese Schnurschlinge bildet das Rückgrat Ihres Armbands. Die Länge hängt vom Umfang Ihres Handgelenks ab. Denken Sie daran, dass das Armband durch das Arbeiten kürzer wird, und achten Sie darauf, dass noch 2 Finger zwischen Armband und Handgelenk passen.

Mit der 60 cm langen Schnur eine Schlinge bilden

Überhandknoten unten an der Schlinge

VERWENDETE KNOTEN

Überhandknoten (siehe Seite 115)
Kreuzknoten (siehe Seite 116)

In Schlinge gelegte Schnur

Kreuzknoten um Schlinge knüpfen.

3 Nun mit dem 2 m langen Stück Paracord weiterarbeiten. Beginnen Sie in der Mitte der Schnur und knüpfen Sie durchgehend Kreuzknoten (siehe Seite 116) um die zur Schlinge gelegte Schnur herum, bis Sie den unteren Knoten erreicht haben. Den ersten Kreuzknoten etwa 1,5 cm unter dem obersten Punkt der Schlinge knüpfen. So bleibt die Schlinge groß genug, damit der untere Knoten hindurchpasst. Später befestigen Sie das Armband dann so an Ihrem Handgelenk.

2 m langer Paracord

ANMERKUNG

Sie können das Design dieses Armbands ändern, indem Sie ein anderes Metall verwenden oder das Röhrchen durch Glas- oder Keramikperlen ersetzen.

1,5 cm lange Schlinge stehen- lassen. (Schritt 3)

Durchgehend im Kreuzknoten knüpfen.

4 Haben Sie bis nach unten im Kreuzkno- ten fertiggeknüpft, schneiden Sie die überschüssige Schnur ab. Mit dem Feuerzeug die Enden auf der Innenseite des Armbandes verschmelzen.

5 Das Armband durch das Kupferröhrchen schieben, bis es in der Mitte ist. Der Überhandknoten aus Schritt 2 wird durch die Schlinge aus Schritt 3 gesteckt, um das Armband zu schließen oder zu öffnen.

ARMBAND „JOSEPHINE"

Der Josephinenknoten ist ein traditioneller Segelknoten, der häufig zum Verbinden zweier Seile verwendet wird. Mit diesem Knoten, der sich glücklicherweise sehr leicht knüpfen lässt, sind beeindruckende Designs möglich.

MASSE

⬍ Maximaler Umfang: 25 cm

MATERIAL & WERKZEUG

3 m Paracord in einer oder mehreren Farbe(n) Ihrer Wahl
2 Endkappen
    (1 cm Durchmesser)
1 Schmuckschließe
    (1 Schmuckkarabiner und 2 Ringe)
Maßband
Schere
Superkleber
Zange

ANLEITUNG

1 Paracord abmessen und zuschneiden: 6 x 50 cm

2 Zwei Längen Paracord nehmen, in der Mitte der beiden Schnüre beginnen und einen Josephinenknoten (siehe Seite 120) knüpfen. Mit zwei weiteren Längen Paracord den Knoten wiederholen und dabei die Spur des ersten Knotens verfolgen, sodass diese Schnüre direkt neben den ersten zu liegen kommen. Ein drittes Mal mit den letzten beiden Längen wiederholen. Achten Sie darauf, dass der zweite und der dritte Knoten parallel und ohne Verdrehungen neben dem ersten liegen.

3 Das Armband abmessen, indem Sie es um Ihr Handgelenk legen und in der gewünschten Länge abschneiden.

4 Je eine Endkappe ans Ende des Paracords kleben. Mit der Zange die Schmuckschließe anbringen.

ANMERKUNG

Seien Sie kreativ in der Wahl der Farben. Mit einer kleinen Farbänderung können Sie den Look dieses Armbands schon völlig verändern.

VERWENDETE KNOTEN

Josephinenknoten (siehe Seite 120)

ACCESSOIRES

SCHLÜSSELBAND

Schlüsselbänder sind normalerweise richtig langweilig: Sie wurden entworfen, damit daran ein Schlüssel oder eine Pfeife baumelt – nicht mehr und nicht weniger. Dieses Werkstück haucht dem uninteressanten Schlüsselband neues Leben ein. Mit den symmetrischen Knoten ist es so hübsch, dass es sogar als Halskette durchgehen könnte.

MASSE

↕ Maximaler Umfang: 60 cm

MATERIAL & WERKZEUG

5 m Paracord
Stickgarn in 2 Farben
1 Schlüsselring
2 Endkappen mit
   Verbindungsring
Maßband
Schere
Malerkrepp
Superkleber

VERWENDETE KNOTEN

Halber Schlag
(siehe Seite 118)
Doppelter Halber
Schlag
(siehe Seite 118)

ANLEITUNG

1 Paracord abmessen und zuschneiden:
2 x 2,5 m

2 Eine Länge Paracord durch den Schlüsselring ziehen, bis der Ring in der Mitte ist. Um ihn zu fixieren, können Sie den Ring mit Malerkrepp an Ihrer Arbeitsfläche ankleben.

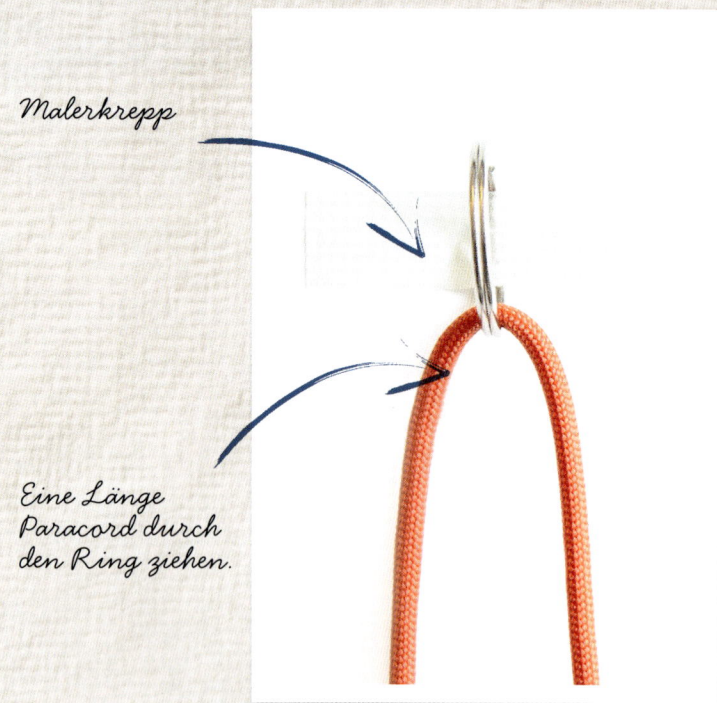

Malerkrepp

Eine Länge Paracord durch den Ring ziehen.

ANMERKUNG
Beachten Sie, dass Ihr Schlüsselband symmetrisch sein muss.
Versuchen Sie, Ihre Knoten
spiegelverkehrt zu knüpfen.

3 Nehmen Sie Ihre zweite Länge Paracord. Falten Sie sie in der Mitte und legen Sie sie unter die erste Schnur. Diese zweite Länge ist nun Ihre Arbeitsschnur.

Zweite Schnur in der Mitte gefaltet und unter die erste gelegt (Schritt 2)

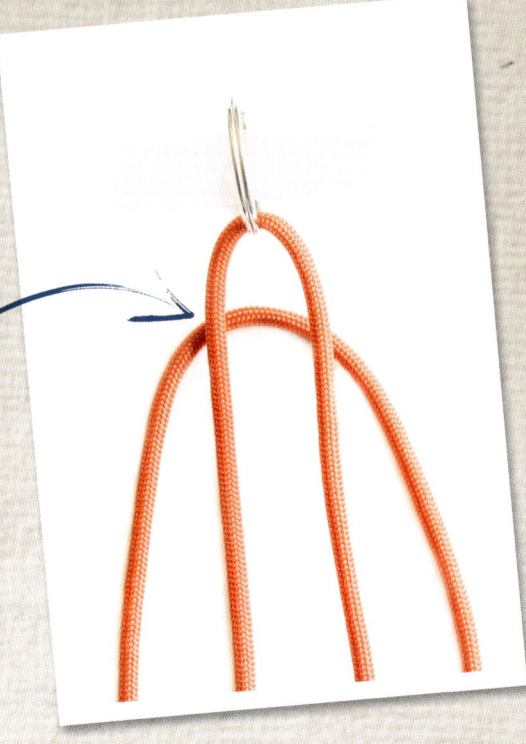

4 Machen Sie mit Ihrem Arbeitsende einen doppelten Halben Schlag (siehe Seite 118) über die linke Länge der ersten Schnur. Auf der rechten Seite wiederholen.

Doppelter Halber Schlag auf der rechten Seite (Schritt 4)

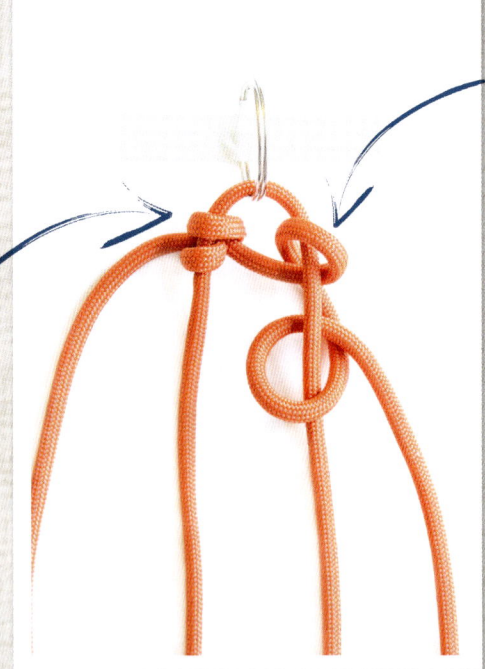

Doppelter Halber Schlag auf der linken Seite (Schritt 4)

5 Nun acht Halbe Schläge (siehe Seite 118) über die linke Schnur knüpfen. Dann acht Halbe Schläge über die rechte Schnur knüpfen. So entsteht ein symmetrisches Muster, also achten Sie darauf, dass die beiden Seiten einander spiegeln.

Acht Halbe
Schläge
(Schritt 5)

6 Auf jeder Seite die Arbeits-schnüre mit den anderen Enden vertauschen. Einen Abstand von 6 cm lassen und einen doppel-ten Halben Schlag über die alte linke Arbeitsschnur knüpfen. Auf der rechten Seite wiederholen.

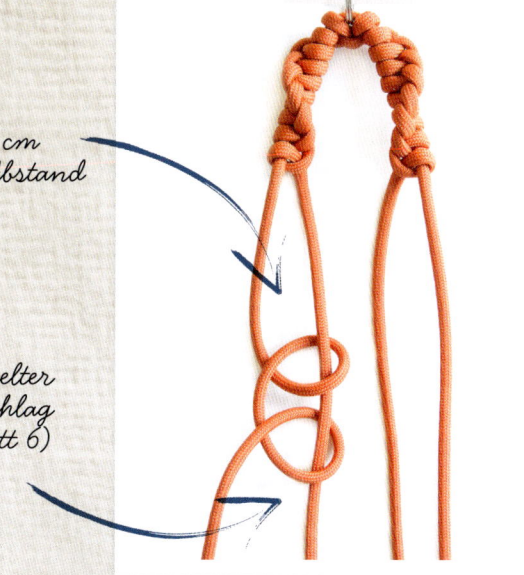

6 cm
Abstand

Doppelter
Halber Schlag
(Schritt 6)

7 Sieben Halbe Schläge auf beiden Seiten fertigstellen.

8 Das Stickgarn in der ersten Farbe um die inneren Schnüre in der 6 cm langen Lücke wickeln. Eine etwa 1,5 cm lange und gleichmäßige Wicklung machen. Das Garn um den Anfang des Garns wickeln, um es zu befestigen. Wenn die Wicklung fertig ist, die beiden losen Enden miteinander verknoten und in der Wicklung verstecken.

Doppelte Halbe Schläge [oben]

Sieben Halbe Schläge (Schritt 7)

Stickgarn für die Wicklung in der 1. Farbe (Schritt 8)

Lose Enden zum Befestigen verknoten.

10 cm Abstand

Stickgarn für die Wicklung in der 2. Farbe (Schritt 9)

9 Das Stickgarn in der zweiten Farbe etwa 10 cm über der Knotenkette auf jeder Seite des Schlüsselbands um die Schnüre wickeln. Das Garn auf dieselbe Art befestigen wie in Schritt 8.

10 Nun zum Stickgarn in der ersten Farbe zurückkehren und dieses direkt über der eben gemachten Wicklung um die Schnur wickeln. Das Garn befestigen, wie in Schritt 8 erklärt.

11 Die Schnüre in der gewünschten Länge abschneiden. Die Endkappen an die Enden kleben und den Verbindungsring anbringen.

EINFACHES SCHLÜSSELBAND

Diese Schlüsselbandvariante besticht durch minimalistisches Design und ist in weniger als 30 Minuten fertiggeknüpft. Es ist schlicht und einfach und so ein perfektes Geschenk für einen Herren.

Schiebeknoten mit vier Schlingen um den Schlüsselring machen.

Beide Enden am Schluss sauber abschneiden und verschmelzen.

Schiebeknoten mit vier Schlingen (siehe Seite 119) um den Karabiner machen.

1,5 m Paracord ergeben ein Schlüsselband mit einer Länge von 1 m.

VERWENDETE KNOTEN

Gewobener Kugelknoten
(siehe Seite 123)

SCHLÜSSELBUND

*Sie können jeden Schlüsselbund mit einem selbstgeknüpften gewobe-
nen Kugelknoten aufwerten. Außerdem ist dieses Projekt perfekt, um
einen komplexen Knoten zu lernen.*

MASSE

↕ 8 cm

MATERIAL & WERKZEUG

1 m Paracord
1 Schlüsselring
1 Kugel oder Perle aus Holz,
    15 mm Durchmesser
Maßband
Schere
Feuerzeug

ANLEITUNG

1 Paracord abmessen und zuschneiden: 1 x 1 m

2 Knüpfen Sie einen gewobenen Kugelknoten (siehe Seite
   123) um ihre Holzperle oder Ihre Holzkugel herum.

3 Mit der Arbeitsschnur eine 5 cm lange Schlinge aus
   dem Knoten ziehen.

4 Zum Fertigstellen die Enden sauber abschneiden und
   mit dem Feuerzeug verschmelzen. Die zusammenge-
   schmolzenen Enden im Knoten verstecken und den Schlüsselring an der Schlinge befestigen.

EINKAUFSBEUTEL

Sie brauchen keine Plastiktüten, wenn Sie Ihren eigenen umweltfreundlichen Einkaufsbeutel knüpfen können. Für dieses Design benötigen Sie vier verschiedene Knoten, was dieses Projekt zu einem perfekten Stück für all jene macht, die ihre Makramee-Kenntnisse ausbauen möchten.

MASSE

↕ 1 m (maximale Ausdehnung)

MATERIAL & WERKZEUG

18 m Paracord
4 Schmuck-Endkappen,
   1 cm Durchmesser
Maßband
Schere
Superkleber

ANLEITUNG

1 Paracord abmessen und zuschneiden:
6 x 3 m

2 Die sechs Längen Paracord zu drei Paaren nehmen. In der Mitte der drei Stränge einen Diamantknoten (siehe Seite 122) machen.

Diamantknoten in der Mitte der Längen (Schritt 2)

Sechs Längen Paracord, paarweise

3 cm Abstand zwischen den Reihen

1. Reihe versetzt geknüpfter Kreuzknoten

2. Reihe versetzt geknüpfter Kreuzknoten

3 Sie haben nun zwölf Arbeitsenden. Knüpfen Sie sieben Reihen versetzt geknüpfte Kreuzknoten (siehe Seite 116) und lassen Sie 3 cm Abstand zwischen den Reihen.

ANMERKUNG
Wenn Sie die versetzt geknüpften Kreuzknoten in Schritt 3 knüpfen, legen Sie das Werkstück flach auf einen Tisch, um sich die Arbeit zu erleichtern.

Kreuzknoten (Schritt 4)

Dreisträngiger Zopf (Schritt 5)

4 Die Längen nun in zwei Gruppen zu je sechs Schnüren teilen. Diese beiden Stränge werden die Henkel Ihres Beutels. Legen Sie den Beutel nun flach auf einen Tisch, um sich die Arbeit zu erleichtern. In einen der beiden Stränge einen Kreuzknoten (siehe Seite 116) mit den äußeren vier Längen über die inneren zwei Längen knüpfen.

5 Einen dreisträngigen Zopf (siehe Seite 126) flechten, bis der Henkel die gewünschte Länge erreicht hat.

6 Für den zweiten Henkel die Schritte 4 und 5 mit dem zweiten Strang wiederholen.

Endkappen mit Superkleber an den Strängen anbringen. (Schritt 8)

Die zwei Stränge mit einem Kreuzknoten verknoten. (Schritt 7)

7 Mit einem Kreuzknoten die beiden Stränge miteinander verknoten.

8 Überschüssigen Paracord gleichmäßig auf die gewünschte Länge der Quaste zurechtschneiden. Die Enden mit Superkleber in die vier Endkappen kleben (mit vier Strängen zu je drei Schnüren arbeiten).

VERWENDETE KNOTEN

Carrick-Bend-Knoten
(siehe Seite 120)

HAARBAND

Das Design dieses Haarbands kann so abgewandelt werden, dass es für jedes Alter geeignet ist. Außerdem ist es ein perfektes schnelles Projekt, für das Sie nur einen Knoten und sehr wenig Paracord benötigen.

MASSE

⭕ 45–65 cm

MATERIAL & WERKZEUG

2,5 m Paracord
6 cm elastisches Gummi-
   band, 12 mm breit
   (vorzugsweise gewobe-
   nes Band)
1 Gummi-Haarband
Maßband
Schere
Feuerzeug
Superkleber

ANLEITUNG

1 Paracord abmessen und zuschneiden:
   1 x 1 m
   1 x 1,5 m

2 Mit dem 1 m langen Stück Paracord einen Carrick-Bend-Knoten (siehe Seite 120) knüpfen. Machen Sie so viele Wiederholungen des Knotens, wie Sie wünschen. Die Enden miteinander verschmelzen und unter dem Knoten verstecken, um ihn fertigzustellen.

Geschmolzene und flach gedrückte Enden auf der Unterseite des Knotens (Schritt 2)

Carrick-Bend-Knoten aus 1 m Paracord

3 Messen Sie sowohl Ihren Kopfumfang als auch die Länge Ihres Haarbandgummis (bei leichter Dehnung) ab. Ziehen Sie die Länge des Haarbands von Ihrem Kopfumfang ab. Schneiden Sie aus den 1,5 m Paracord drei Schnurstücke in dieser Länge ab. Alle Enden sauber verschmelzen, sodass der Paracord nicht ausfranst.

4 Die drei Längen Paracord durch die Unterseite des Carrick-Bend-Knotens fädeln.

Drei Längen Paracord durch die Unterseite des Knotens gesteckt (Schritt 4)

Drei Längen Paracord auf das Gummiband geklebt (Schritt 5)

5 Schneiden Sie nun Ihr gewebtes Gummiband in zwei je 3 cm lange Stücke. An einem Ende des Haarbands etwa ein Drittel der Länge des Gummibands mit Superkleber ankleben.

Haargummi auf dem Gummiband, bereit zum Festkleben (Schritt 6)

Gummiband zu einer Schlinge gelegt und an den Enden der Schnüre festgeklebt (Schritt 6)

6 Das Gummiband durch den Haargummi schlingen und dann oben auf die Schnurenden kleben.

7 Schritt 6 für das andere Ende des Haarbands wiederholen, sodass beide Seiten am Haargummi angebracht sind.

GÜRTEL

Haben Sie einen alten Gürtel in Ihrem Kleiderschrank liegen, den Sie nicht mehr tragen? Nutzen Sie seine schönen Einzelteile, um Ihren Kleiderschrank mit etwas ganz Neuem zu bereichern. Dieses schnelle und einfache Projekt bietet Ihnen viel Platz für Kreativität.

MASSE
↕ Maximal 1 m

MATERIAL & WERKZEUG
10 m Paracord
1 Gürtelschnalle,
    etwa 3,2 cm breit
1 Gürtelspitze,
    etwa 2,5 cm breit
Maßband
Schere
Feuerzeug
Superkleber (optional)

VERWENDETE KNOTEN

Ankerstich
(siehe Seite 115)
Flacher viersträngiger Zopf
(siehe Seite 126)

ANLEITUNG

1 Paracord abmessen und zuschneiden:
4 x 2,5 m

2 Von der Mitte der Paracordlängen aus arbeiten und einen Ankerstich (siehe Seite 115) über die Gürtelschnalle knüpfen. Alle vier Längen Paracord auf diese Weise anbringen.

3 Nun einen flachen viersträngigen Zopf (siehe Seite 126) flechten und jede doppelt genommene Länge Paracord als einen Strang verwenden.

4 Wenn Sie die gewünschte Länge erreicht haben, die Enden abschneiden und verschmelzen. Viele Gürtelspitzen sind mit einer Schraube zum Befestigen ausgestattet. Bringen Sie sie damit oder mit Superkleber sicher an Ihrem Gürtel an.

5 Wenn Sie für Ihren Gürtel eine Schlaufe wünschen, gestalten Sie diese aus einem Reststück Paracord. Um den Gürtel wickeln und die Enden verschmelzen.

ANMERKUNG
Wenn Sie keinen alten Gürtel zur Hand haben, um ihn seiner Einzelteile zu berauben, können Sie Gürtelschnallen, -spitzen und -schrauben online bestellen oder im Fachhandel, im Handarbeitsgeschäft oder sogar im Baumarkt kaufen.

Gürtelschnalle

Flacher viersträngiger
Zopf (Schritt 3)

Gürtelschlaufe (Schritt 5)

Vier Ankerstiche
(Schritt 2)

Angeschraubte
Gürtelspitze
(Schritt 4)

VERWENDETE KNOTEN

Ankerstich (siehe Seite 115)
Sechssträngiger Zopf
(siehe Seite 127)

UHRBAND

Es gibt nichts Besseres, als alte „Schrankleichen" – oder Vintage-Schätze aus dem Secondhandladen – zu verwerten und ihnen zu neuem Glanz zu verhelfen. Dieses lustige Projekt ist einfach im Design, gibt Ihnen aber die Möglichkeit, einer vernachlässigten Uhr neues Leben einzuhauchen.

MASSE

↕ Maximal 25 cm

MATERIAL & WERKZEUG

3 m Paracord
1 Ziffernblatt (wenn gewünscht,
    mit herausnehmbaren
    Stiften) und 1 Dornschließe
Maßband
Schere
Feuerzeug

ANLEITUNG

1   Paracord abmessen und zuschneiden:
    3 x 1 m

2   Den Umfang Ihres Handgelenks abmessen und dann 5 cm für die korrekte Uhrbandlänge addieren. Dies ergibt die Länge Ihres Uhrbands.

3   Die Seelen der Paracordlängen entfernen, indem Sie den weißen Kern der Schnur herausziehen.

4   Jede Länge in der Mitte nehmen und mit einem Ankerstich (siehe Seite 115) an der Dornschließe befestigen. Alle drei Schnurlängen auf diese Weise befestigen.

Uhrenschnalle

Ankerstich (Schritt 4)

Ankerstich

Sechssträngiger Zopf (Schritt 5)

Beim Flechten Schnur mit den Fingern flachdrücken.

5 Nun einen sechssträngigen Zopf flechten (siehe Seite 127).

6 Wenn Sie die gewünschte Länge (gemessen in Schritt 2) erreicht haben, schieben Sie das Ziffernblatt auf das Uhrband.

ANMERKUNG
Drücken Sie während des Flechtens den Paracord mit Ihren Fingern flach. So bekommt Ihr Uhrband ein glatteres und ordentlicheres Erscheinungsbild.

7 Zum Fertigstellen die Enden der Schnur auf die Unterseite des Uhrbands weben. Sie müssen jedes Ende nur einmal einweben. Dann die Enden abschneiden, verschmelzen und mit der Schere flach auf die Unterseite des Uhrbands drücken. Vergewissern Sie sich, dass die Enden flach geschmolzen sind, damit das Uhrband durch die Dornschließe hindurchpasst.

8 Wenn Sie für Ihr Uhrband eine Schlaufe wünschen, gestalten Sie diese aus einem Reststück Paracord. Um das Uhrband wickeln und die Enden verschmelzen.

Schlaufe für das Uhrband

Abgeschnittene, geschmolzene und flachgedrückte Enden

Enden in die Unterseite des Uhrbands einweben.

KAMERAGURT

Auf Reisen haben Sie wahrscheinlich immer Ihre Kamera mit dabei. Die Standard-Kameragurte sind sehr alltäglich. Knüpfen Sie Ihren Gurt doch selbst und machen Sie ihn so zu einem modischen Statement!

MASSE

↕ 1 m (maximal)

MATERIAL & WERKZEUG

24 m Paracord
1 lange Stecknadel mit
    Glasköpfchen
1 Stück Leder, mindestens
    10 x 12 cm groß
2 kleine Schlüsselringe
Maßband
Schere
Nähmaschine oder
    Superkleber

ANLEITUNG

1 Paracord abmessen und zuschneiden:
   8 x 3 m

2 Legen Sie alle acht Längen Schnur auf eine glatte Oberfläche, um sich die Arbeit zu erleichtern. Stechen Sie am Anfang mit der Stecknadel an einem Ende quer durch alle Längen. Nun vergeben wir allen 8 Längen von links nach rechts einen Buchstaben: D, C, B, A, A, B, C, D. Dementsprechend werden die beiden mittleren Schnüre A genannt, die beiden äußeren D und so weiter.

Den Schnüren werden Buchstaben zugeordnet, um die Arbeit zu erleichtern. (Schritt 2)

Stecknadel mit Glasköpfchen

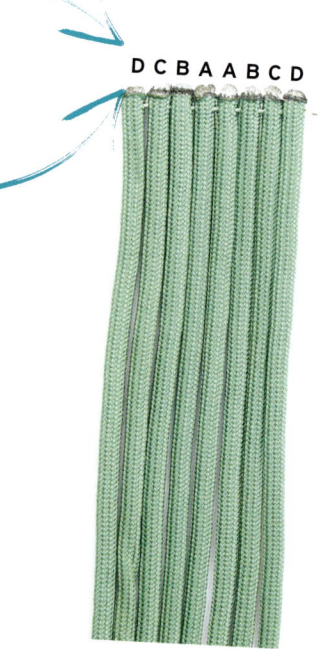

D C B A A B C D

ANMERKUNG
Wenn Sie an diesem Werkstück arbeiten, legen Sie es auf eine glatte Oberfläche. Sie können auch ein Buch oder einen anderen schweren Gegenstand auf die oben zusammengesteckten Enden legen, damit sie nicht verrutschen.

VERWENDETE KNOTEN

Kreuzknoten (siehe Seite 116)
Halber Schlag (siehe Seite 118)

Kreuzknoten mit B um A (Schritt 3)

Zwei Kreuzknoten mit C um A

Zwei Kreuzknoten mit D um A

Zwei Kreuzknoten mit B um A

Halber Schlag mit B um A (Schritt 3)

Halber Schlag mit C um B

Halber Schlag mit D um C

3

Nun dieses Muster 10-mal wiederholen:

1. Einen Kreuzknoten (siehe Seite 116) mit den Schnüren B um die Schnüre A knüpfen
2. Zwei Kreuzknoten mit den Schnüren C um die Schnüre A knüpfen.
3. Zwei Kreuzknoten mit den Schnüren D um die Schnüre A knüpfen.
4. Zwei Kreuzknoten mit den Schnüren B um die Schnüre A knüpfen.
5. Einen Halben Schlag (siehe Seite 118) mit der linken Schnur B um die linke Schnur A knüpfen.
6. Einen Halben Schlag mit der rechten Schnur B um die rechte Schnur A knüpfen.
7. Einen Halben Schlag mit der linken Schnur C um die linke Schnur B knüpfen.
8. Einen Halben Schlag mit der rechten Schnur C um die rechte Schnur B knüpfen.
9. Einen Halben Schlag mit der linken Schnur D um die linke Schnur C knüpfen.
10. Einen Halben Schlag mit der rechten Schnur D um die rechte Schnur C knüpfen.

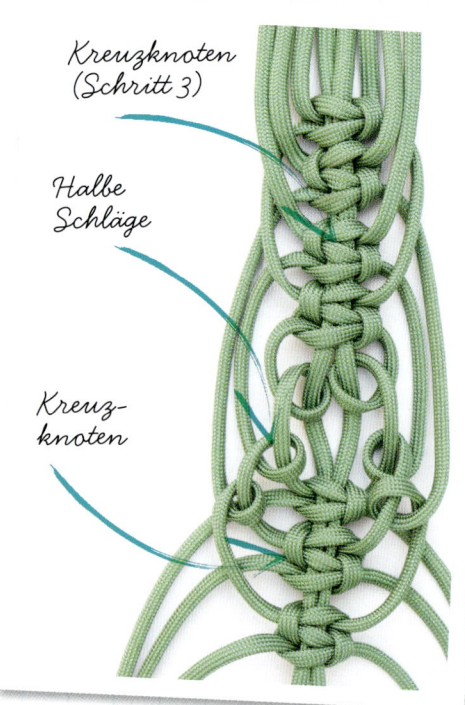

Kreuzknoten (Schritt 3)

Halbe Schläge

Kreuzknoten

4 Nach 10 Wiederholungen nur noch die Schritte 1-4 des Musters wiederholen, um den Gurt fertigzustellen.

5 Aus dem Leder vier Rechtecke in der Größe von 4,5 x 5,5 cm zuschneiden.

6 Die Stecknadel oben aus den Schnüren ziehen und diese Enden mit zwei Lederstücken bedecken. Mit einer Nähmaschine oder Superkleber die Lederstücke und die Schnurenden miteinander verbinden. Nun mit einer Schere oder der Stecknadel ein kleines Loch oben in das Leder machen und den Schlüsselring durchstecken.

7 Schritt 6 am anderen Ende des Gurts wiederholen.

Schlüsselring

Zwei Lederstücke über die Enden kleben oder nähen. (Schritt 6)

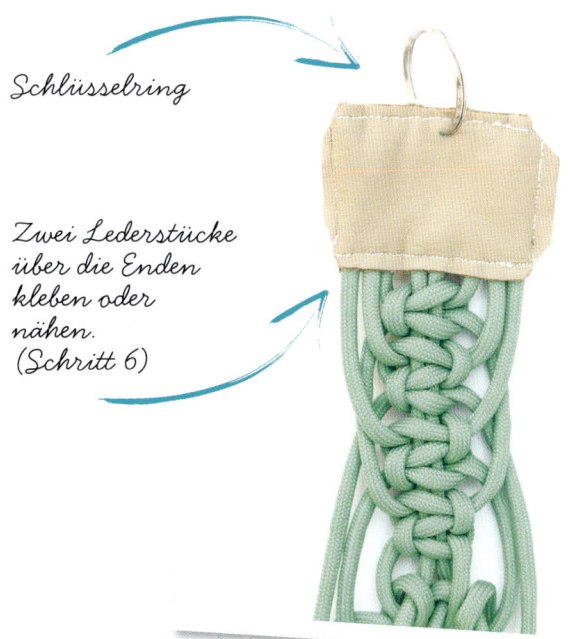

VERWENDETE KNOTEN

Josephinenknoten
(siehe Seite 120)
Versetzte Kreuzknoten
(siehe Seite 116)
Kreuzknoten (siehe Seite 116)

MEMO
BOOK™

64 PAGES / MADE IN INDIA

FLASCHENHALTER

Dieses Werkstück eignet sich perfekt für Camper, Festivalbesucher, Wochenendspaziergänger oder Yogis. Für das Design benötigen Sie mittelschwere Knoten, die Ihrem Flaschenhalter ein modernes und outdoormäßiges Aussehen verleihen.

MASSE

↕ Maximal 85 cm

MATERIAL & WERKZEUG

12 m Paracord
2 Endkappen mit 8 mm
    Durchmesser
Maßband
Schere
S-Haken (optional)
Superkleber

ANLEITUNG

1 Paracord abmessen und zuschneiden:
4 x 3 m

2 Alle vier Längen mittig nehmen und einen Josephinen-knoten (siehe Seite 120) knüpfen.

Josephinen-knoten (Schritt 2)

Vier Längen Paracord

ANMERKUNG

Bevor Sie die versetzten Kreuzknoten in Schritt 3 knüpfen, versuchen Sie, die Arbeit kopfüber von einem S-Haken hängen zu lassen. Dies hilft Ihnen, die Knoten in jeder Reihe gleichmäßig zu knüpfen.

Das wird die 2. Reihe.

Fertige 1. Reihe versetzte Kreuz-knoten

3 Fünf Reihen versetzte Kreuzknoten (siehe Seite 116) fertigstellen und alle Stränge verknoten. Etwa 3 cm Abstand zwischen den Reihen lassen.

4 Nun die gewünschte Gurtlänge abmessen und einen Kreuzknoten (siehe Seite 116) knüpfen. Nehmen Sie alle Längen zusammen, sodass Sie zwei Stränge zu je vier Längen haben.

Angeklebte Endkappen

Zwei Stränge zu je vier Längen

5 Zum Fertigstellen überschüssige Schnur in einem Abstand von 10 cm zum Kreuzknoten abschneiden. Die beiden Endkappen auf die Spitzen der Stränge kleben.

Kreuzknoten (Schritt 4)

PROJEKTE FÜR HEIM UND GARTEN

VERWENDETE KNOTEN

Kettenstek (siehe Seite 124)

TISCHSET

Bringen Sie ein bisschen handgemachten Stil auf Ihren Esstisch!
Sobald Sie den Kettenstek beherrschen, ist dieses Werkstück ein Kin-
derspiel. Das Design eignet sich auch für Matten in jeglicher Form
und Größe, von der Badematte bis zum Fußabtreter. Der Spielraum
für Ihre Kreativität ist riesig!

MASSE

↔ 40 cm
↕ 23 cm

MATERIAL & WERKZEUG

60 m Paracord pro Tischset
Maßband
Schere
Feuerzeug

ANLEITUNG

1 Paracord abmessen und zuschneiden:
2 x 22,5 m in der 1. Farbe
2 x 7,5 m in der 2. Farbe

2 Beginnen Sie mit den beiden 22,5 m langen Schnüren
und nehmen Sie sie zu einer zusammen. 40 cm lose im
Kettenstek (siehe Seite 124) knüpfen.

Arbeitsschnur

Ende der Länge

Im Kettenstek knüpfen.
(Schritt 2)

1. Reihe im Kettenstek

3 Wenn Sie den Kettenstek 40 cm breit geknüpft haben, die Schnur zurückführen und eine zweite Reihe unter der ersten knüpfen. Achten Sie darauf, dass Sie unten durch die erste Reihe knüpfen, um die zweite Reihe zu befestigen. Diese Technik ist der Grundtechnik des Häkelns sehr ähnlich.

2. Reihe im Kettenstek

Arbeitsschnur

Arbeitsschnur unten durch die 1. Schlinge der 2. Reihe ziehen. (Schritt 3)

Arbeitsende

Zusätzliche Schlinge am Ende der Reihe für eine gleichmäßige Form

4 Auf diese Weise 7 Reihen im Kettenstek knüpfen.

5 Nehmen Sie die zwei 7,5 m langen Schnüre in der zweiten Farbe. Bringen Sie sie am Tischset an, indem Sie die Enden der ursprünglichen und die der neuen Schnüre miteinander verschmelzen. Drei weitere Reihen im Kettenstek in der 2. Farbe knüpfen.

Schnurenden der ursprünglichen und der zweiten Farbe miteinander verschmelzen. (Schritt 5)

6 Um das Tischset fertigzustellen, alle Enden abschneiden, schmelzen und auf die Unterseite drücken. Vergessen Sie nicht, dasselbe mit den Anfängen zu machen!

Enden verschmolzen und auf die Unterseite gedrückt (Schritt 6)

LAMPENSCHIRM FÜR EINE HÄNGELAMPE

Oft vergessen wir, wie schön und dekorativ Licht sein kann und wie wir es ganz einfach nutzen können, um unserem Zuhause eine heimelige Atmosphäre zu schenken. Dieses einfache Projekt verleiht jedem Plätzchen Charakter und erfüllt jeden Raum mit Licht.

MASSE

↕ 20 cm
↔ 16 cm

MATERIAL & WERKZEUG

29 m Paracord
1 Lampenfassung mit
   Glühbirne
Maßband
Schere
Feuerzeug

ANMERKUNG

Wenn Sie die versetzten Kreuzknoten in Schritt 5 knüpfen, legen Sie den unteren Ring über eine Schüssel oder Ihr Knie. So wird es leichter, eine regelmäßige Form zu erhalten und sicherzustellen, dass die Reihen gleichmäßig sind.

ANLEITUNG

1 Paracord abmessen und zuschneiden:
14 x 2 m
1 x 30 cm
1 x 15 cm

Beachten Sie, dass Sie das letzte Stück Paracord passend zum Umfang Ihrer Leuchte abmessen müssen. Dieser kann auch größer oder kleiner als 15 cm sein. Nach dem Zuschneiden Ihrer Schnüre alle Enden mit dem Feuerzeug verschmelzen, sodass sie nicht ausfransen können.

2 Wir beginnen an der Unterseite des Lampenschirms und arbeiten uns nach oben. Nehmen Sie die 30 cm lange Schnur und verbinden Sie die Enden miteinander, damit ein Ring entsteht: Mit dem Feuerzeug beide Enden erhitzen und dann zusammenstecken. Dies ist die Basis für Ihren Lampenschirm.

3 Eines der 2 m langen Schnurstücke in der Mitte falten und einen Ankerstich (siehe Seite 115) um den Ring aus Schritt 2 knüpfen. Diesen Schritt mit den restlichen 13 zwei Meter langen Schnurstücken wiederholen.

4 Die 14 Ankerstiche paarweise arrangieren. Mit jedem dieser Paare etwa 1,5 cm vom Ring entfernt je einen Kreuzknoten (siehe Seite 116) knüpfen.

VERWENDETE KNOTEN

Ankerstich (siehe Seite 115)
Kreuzknoten (siehe Seite 116)
Versetzte Kreuzknoten
(siehe Seite 116)
Überhandknoten (siehe Seite 115)

5 Jetzt versetzte Kreuzknoten (siehe Seite 116) knüpfen, indem Sie die Paare miteinander verknoten. Sie können die Form des Lampenschirms kreativ gestalten, aber wenn Sie Form und Stil, wie auf den Bildern gezeigt, haben möchten, folgen Sie dem untenstehenden Muster.

7 Reihen versetzte Kreuzknoten knüpfen:
- Reihe 1 bis 3 in einem Abstand von 2,5 cm
- Reihe 3 bis 4 in einem Abstand von 3 cm
- Reihe 4 bis 5 in einem Abstand von 3,5 cm
- Reihe 5 bis 6 in einem Abstand von 3 cm
- Reihe 6 bis 7 in einem Abstand von 2,5 cm

6 Nun das 15 cm lange Stück Paracord nehmen und die Enden miteinander verbinden, indem Sie sie mit einem Feuerzeug verschmelzen. Dieser Ring wird die Oberseite des Lampenschirms.

> **ANMERKUNG**
> Wenn Sie den Ring für die Oberseite des Lampenschirms in Schritt 6 herstellen, müssen Sie diesen an den Umfang der Fassung Ihrer Lampe anpassen. Wir haben ein 15 cm langes Stück Paracord verwendet, aber Sie sollten Ihr Stück Schnur unbedingt abmessen und dann zuschneiden.

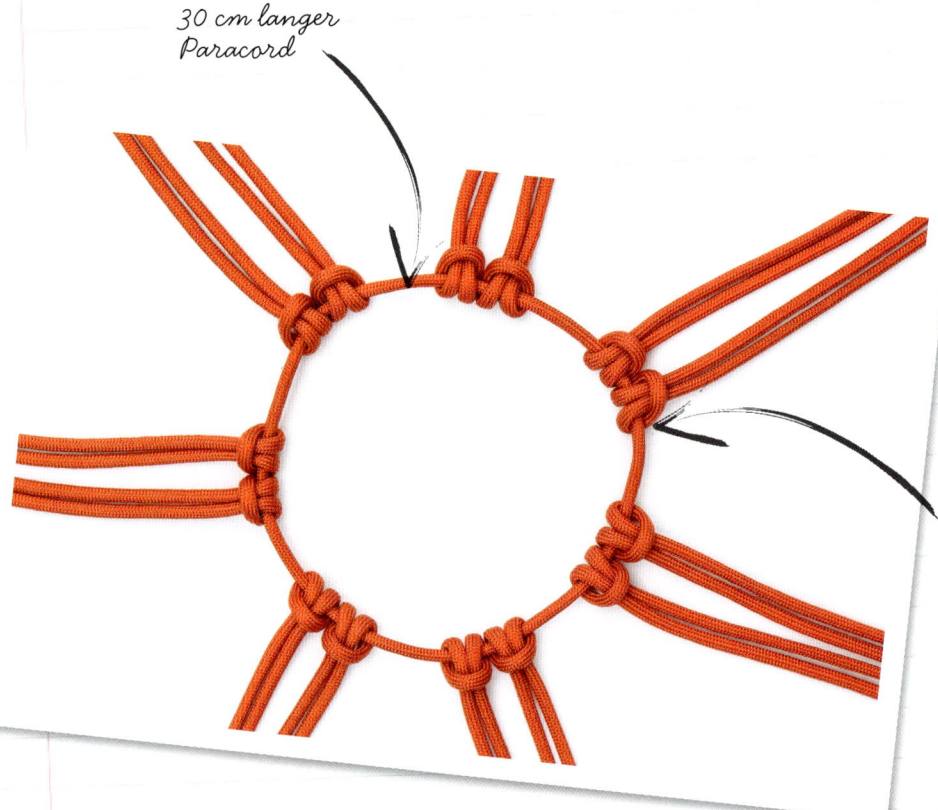

30 cm langer Paracord

14 paarweise angeordnete Ankerstiche

28 Überhandknoten
machen (Schritt 7)

*1,5 cm Abstand zu der letzten
Reihe mit versetzten Kreuzknoten*

7 Den Lampenschirm umdrehen, sodass er auf
seinem Unterteil steht. Jedes Schnurstück mit
einem Überhandknoten (siehe Seite 115) auf den kleinen
Ring knoten und dabei einen Abstand von 1,5 cm zur
letzten Reihe aus versetzten Kreuzknoten lassen. So
erhalten Sie 28 Überhandknoten auf dem Ring.

8 Sobald Sie alle Enden an den oberen Ring
geknotet haben, den Lampenschirm flach auf den
Grundring legen. Nun erreichen Sie leicht die über-
schüssige Schnur. Alle Enden auf 3 mm stutzen. Jedes
Ende mit dem Feuerzeug erhitzen und mit dem
Metallteil der Schere andrücken.

9 Den Lampenschirm wieder in Form bringen. Das
herabhängende Kabel durchfädeln und eine
Glühbirne einsetzen.

*Lampenschirm flach hinlegen,
um leichter an die Enden zu
kommen. (Schritt 8)*

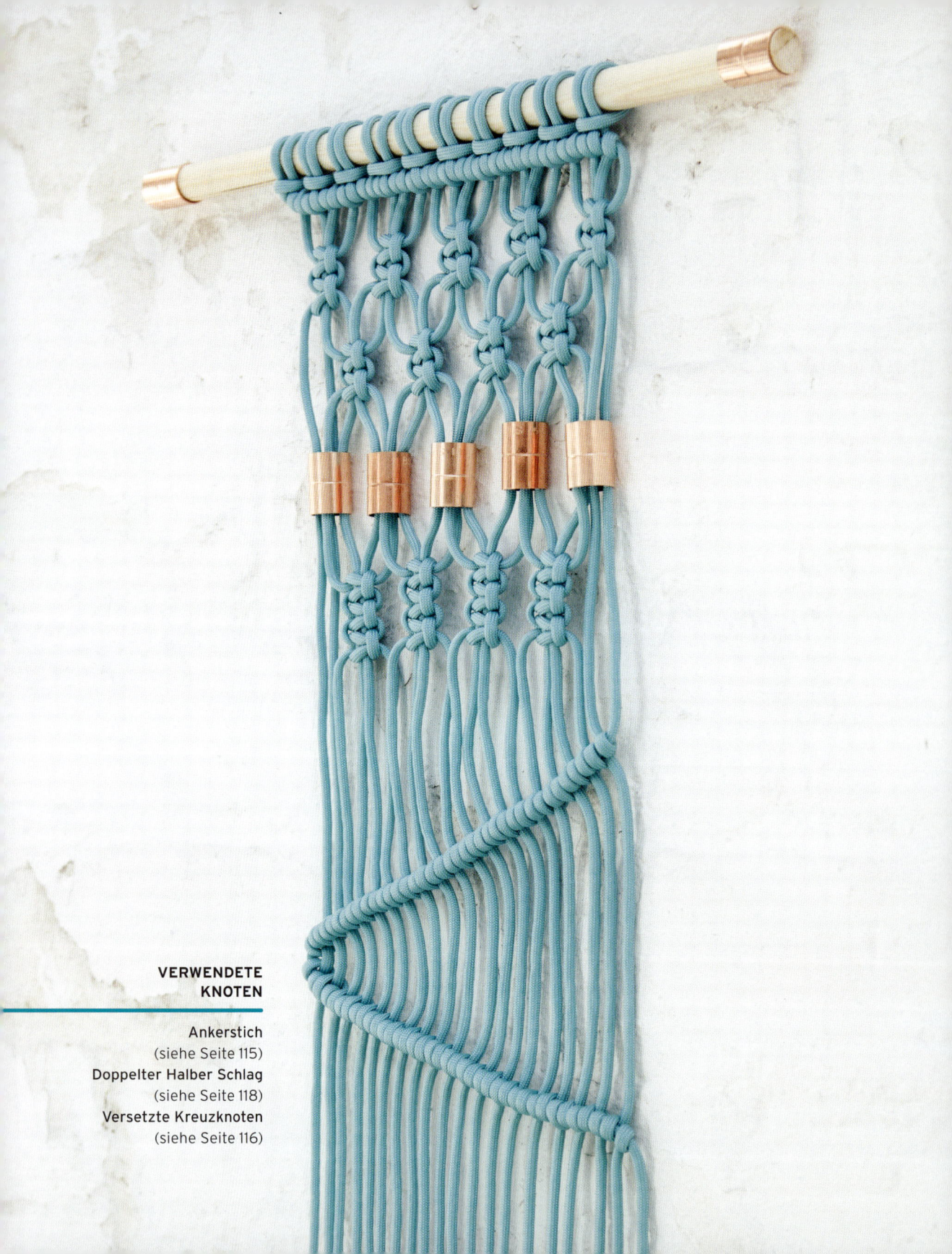

**VERWENDETE
KNOTEN**

Ankerstich
(siehe Seite 115)
Doppelter Halber Schlag
(siehe Seite 118)
Versetzte Kreuzknoten
(siehe Seite 116)

WANDBEHANG

Manchmal macht es Spaß, etwas zu kreieren, das einfach nur hübsch ist. Dieses Projekt ist genau dafür da: Sie gestalten ein schönes Kunstwerk, das Sie an die Wand hängen können. Die Anleitung ist nur eine Richtlinie – lassen Sie sich von der Muse küssen und Ihrer Fantasie freien Lauf!

MASSE

↔ 35 cm (mit Rundholz gemessen)

↕ 1 m

MATERIAL & WERKZEUG

31 m Paracord

35 cm langes Rundholz, 13 mm Durchmesser

7 Kupferröhrchen oder Ähnliches, 15 mm Durchmesser

Maßband

Schere

Feuerzeug

Superkleber

ANLEITUNG

1 Paracord abmessen und zuschneiden:
1 x 4 m
9 x 3 m

2 Mit dem 4 m langen Stück Paracord einen Ankerstich (siehe Seite 115) am linken Ende des Rundholzes knüpfen. Den Knoten nicht genau in der Mitte der Schnur machen: Das linke Ende sollte 2,5 m, das rechte Ende 1,5 m lang sein.

3 Jede der neun 3 m langen Schnüre mit einem Ankerstich an dem Rundholz befestigen. Diesmal die Knoten in der Mitte der Schnüre machen, sodass die Enden links und rechts gleich lang sind. Die Schnüre gleichmäßig über die Länge des Rundholzes verteilen.

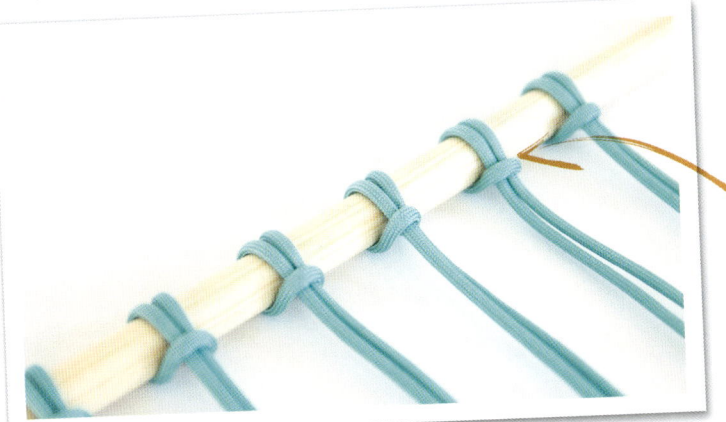

Ankerstiche (Schritt 3)

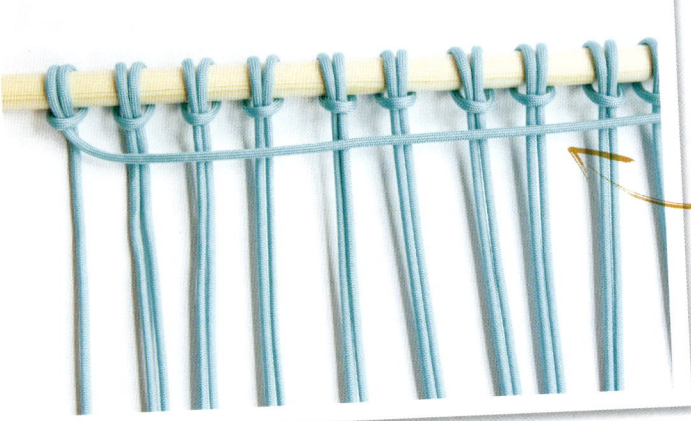

Die längere 2,5 m lange Schnur über die anderen legen. (Schritt 4)

4 Nehmen Sie das 2,5 m lange Schnurstück ganz links und legen Sie es über alle anderen Schnüre. Von links ausgehend knüpfen Sie eine Reihe doppelter Halber Schläge (siehe Seite 118) um die lange Schnur.

Von links ausgehend 1 Reihe doppelte Halbe Schläge knüpfen. (Schritt 4)

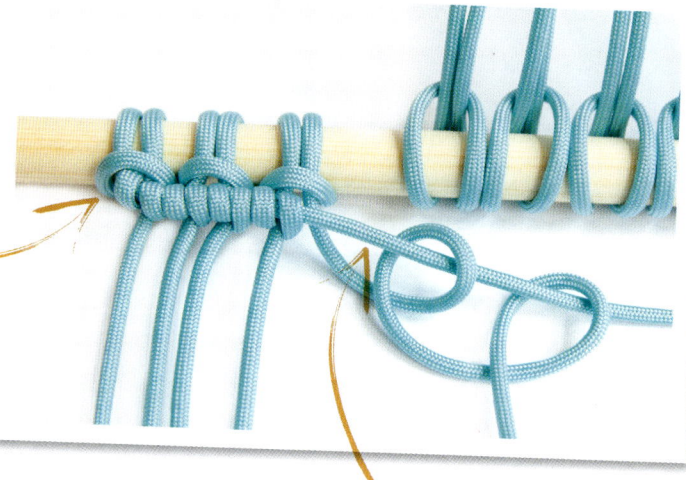

5 Teilen Sie Ihre 20 Schnüre in fünf Stränge zu je vier Schnüren. Nun zwei Reihen versetzte Kreuzknoten (siehe Seite 116) knüpfen, wobei in jedem Strang zwei Kreuzknoten entstehen. Am Ende der ersten Reihe haben Sie fünf, am Ende der zweiten Reihe vier Stränge.

Längere Schnur (2,5 m)

6 Die 20 Schnüre erneut in fünf Stränge zu je vier Schnüren teilen. Eine weitere Reihe versetzte Kreuzknoten mit je einem Kreuzknoten pro Strang knüpfen.

7 Fünf Kupferröhrchen nehmen und die einzelnen Stränge durchfädeln, dabei die Knoten verdecken, sodass sie über der letzten Kreuzknotenreihe zu liegen kommen. Die Knoten helfen dabei, die Röhrchen an ihrem Platz zu halten.

ANMERKUNG

Sie können dieses Design leicht abwandeln, um andere Knoten und Muster Ihrer Wahl einzuarbeiten.

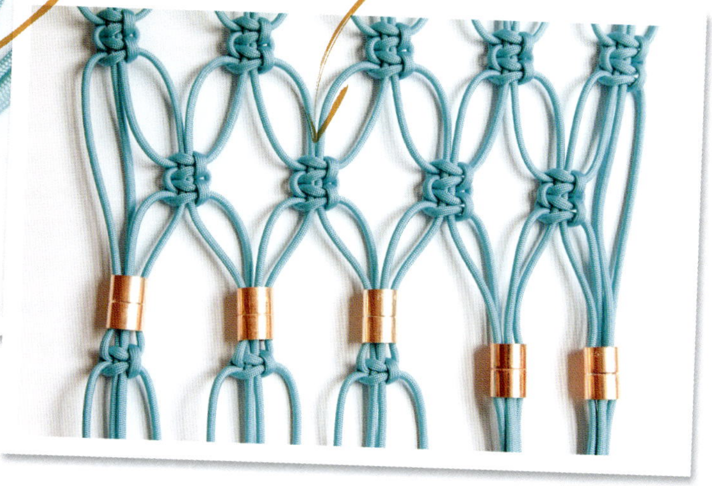

Kupferröhrchen
verdecken die
einzelnen versetzten
Kreuzknoten.
(Schritt 7)

Versetzte Kreuzknoten
mit 2 Knoten pro
Gruppe
(Schritt 5)

8 Nun eine letzte Reihe versetzte Kreuzknoten mit drei Kreuzknoten pro Gruppe knüpfen.

9 Die äußerste rechte Schnur (die längere) nehmen und diagonal über die Arbeit legen. Von rechts ausgehend eine diagonale Linien aus doppelten Halben Schlägen um die längere Schnur knüpfen.

10 Wenn Sie das Ende erreicht haben, eine weitere diagonale Linie aus doppelten Halben Schlägen von links nach rechts knüpfen. Nach Fertigstellung dieser zweiten Linie haben Sie einen Pfeil oder ein Zickzackmuster aus doppelten Halben Schlägen geknüpft.

Diagonale
Linie aus
Doppelten
Halben
Schlägen
(Schritt 9)

11 Alle restlichen Schnüre auf die gewünschte Länge für die Quasten zuschneiden. Mit einem Feuerzeug alle Enden verschmelzen, um ein Ausfransen zu verhindern.

12 Die letzten zwei Kupferröhrchen mit Superkleber an die beiden Enden des Rundholzes kleben.

BLUMENAMPEL

Zimmerpflanzen erfüllen unser Zuhause mit Leben und es gibt doch keine schönere Art, sie zu präsentieren, als mit einer selbstgemachten Makramee-Blumenampel. Dieses Projekt ist ein bisschen aufwändiger, aber das Endergebnis ist jede Mühe wert.

MASSE
↕ 80-130 cm

MATERIAL & WERKZEUG
42 m Paracord
1 mittelgroßer Holzring oder
    etwas Ähnliches
Maßband
Schere
S-Haken (optional)
Feuerzeug

ANLEITUNG

1 Paracord abmessen und zuschneiden: 8 x 5 m
Die verbleibenden 2 m vorerst zur Seite legen.

2 Alle acht Schnurstücke zusammennehmen und durch den Holzring fädeln, bis sich dieser in der Mitte der Schnüre befindet.

3 Ein Stück der überschüssigen Schnur nehmen und einen Wickelknoten (siehe Seite 119) um alle Längen direkt unter dem Ring machen. Achten Sie darauf, den Knoten durchzuziehen, sodass er unter der Wicklung versteckt ist. Die überschüssige Schnur abschneiden und dann auch diese Enden nach innen stecken.

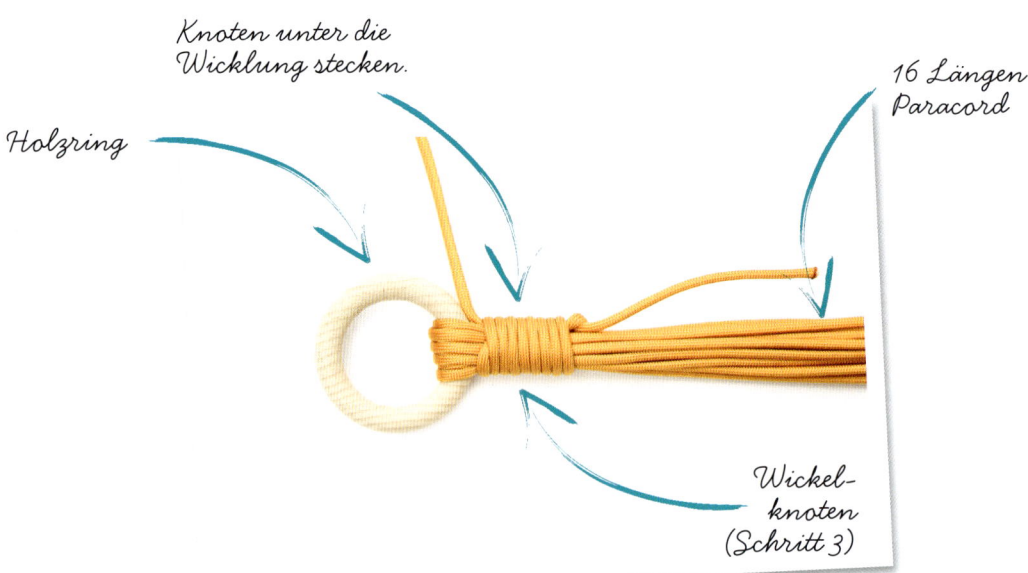

Knoten unter die Wicklung stecken.

16 Längen Paracord

Holzring

Wickel-knoten (Schritt 3)

VERWENDETE KNOTEN

Wickelknoten (siehe Seite 119)
Kreuzknoten (siehe Seite 116)
Halber Schlag (siehe Seite 118)
Versetzte Kreuzknoten
(siehe Seite 116)

4 Sie haben nun 16 Längen Paracord vor sich liegen. Teilen Sie diese in 4 Stränge zu je 4 Schnüren.

5 Bearbeiten Sie jeden Strang separat und knüpfen Sie mit jedem das folgende Muster:

Drei Kreuzknoten (Schritt 5)

Vier Fingerbreit Abstand

Halber Schlag mit Schnur 1 und 2 um Schnur 3 und 4

Halber Schlag mit Schnur 3 und 4 um Schnur 1 und 2

Vier Fingerbreit Abstand

1 2 3 4

Zwei Kreuzknoten

Zwei Fingerbreit Abstand

Halber Schlag mit Schnur 1 um Schnur 2

Halber Schlag mit Schnur 4 um Schnur 3

- Drei Kreuzknoten (siehe Seite 116).
- Vier Fingerbreit Abstand lassen.
- Ein Halber Schlag (siehe Seite 118) mit Schnur 1 und 2 um Schnur 3 und 4.
- Ein Halber Schlag mit Schnur 3 und 4 um Schnur 1 und 2.
- Vier Fingerbreit Abstand lassen.
- Zwei Kreuzknoten.
- Zwei Fingerbreit Abstand lassen
- Ein Halber Schlag mit Schnur 1 um Schnur 2 und daneben ein Halber Schlag mit Schnur 4 um Schnur 3.
- Vier Fingerbreit Abstand lassen.
- Schnur 1 über Schnur 2 kreuzen und Schnur 3 über Schnur 4 kreuzen.
- Fünf Kreuzknoten.
- Vier Fingerbreit Abstand lassen.
- Ein Halber Schlag mit Schnur 1 und 2 um Schnur 3 und 4.
- Ein Halber Schlag mit Schnur 3 und 4 um Schnur 1 und 2.

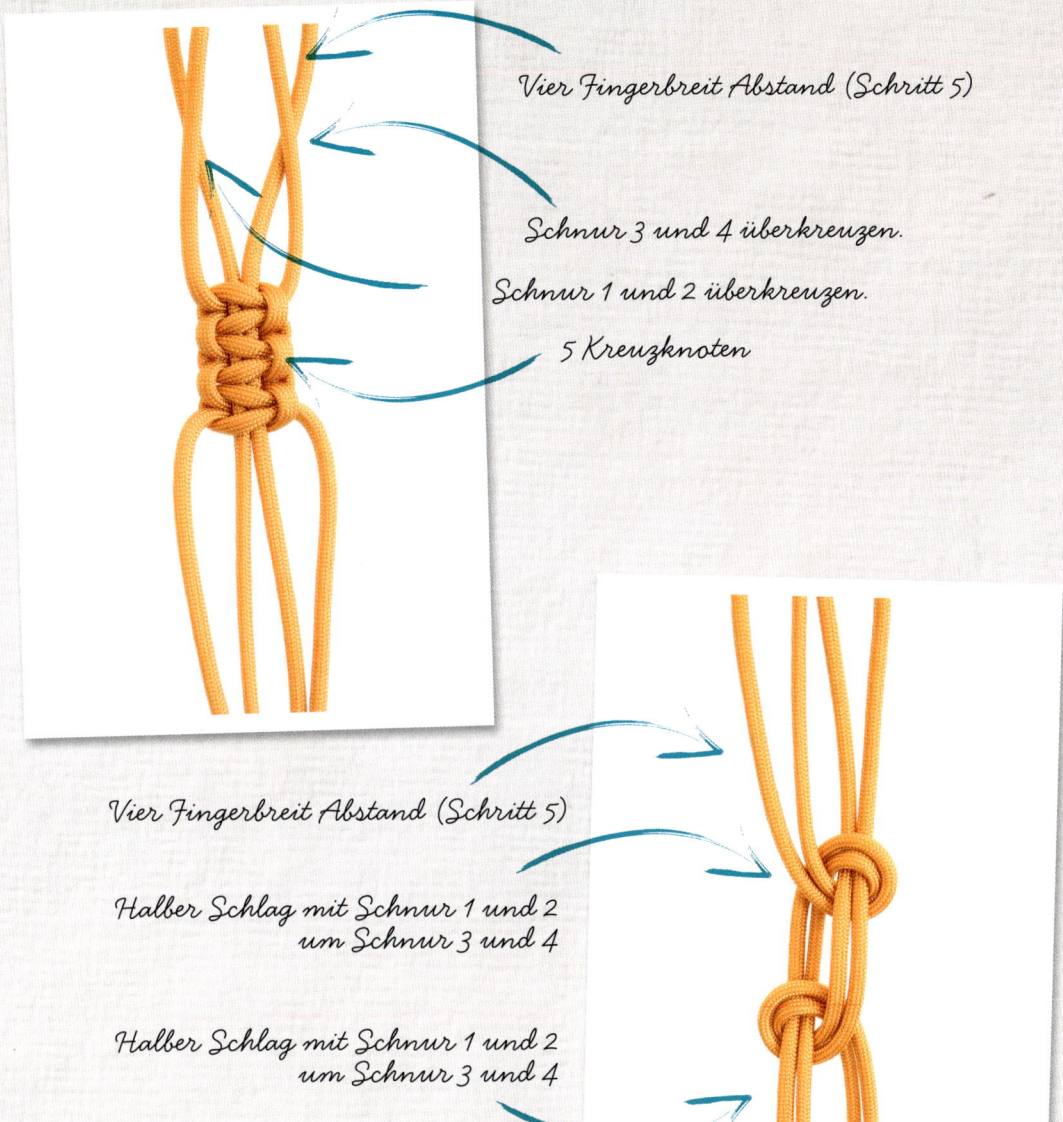

Vier Fingerbreit Abstand (Schritt 5)

Schnur 3 und 4 überkreuzen.

Schnur 1 und 2 überkreuzen.

5 Kreuzknoten

Vier Fingerbreit Abstand (Schritt 5)

Halber Schlag mit Schnur 1 und 2
um Schnur 3 und 4

Halber Schlag mit Schnur 1 und 2
um Schnur 3 und 4

6 Sobald Sie dieses Muster an allen vier
Strängen geknüpft haben, knüpfen Sie drei
Reihen versetzte Kreuzknoten (siehe Seite 116) und
lassen Sie zwischen den Reihen ca. 5 cm Abstand.

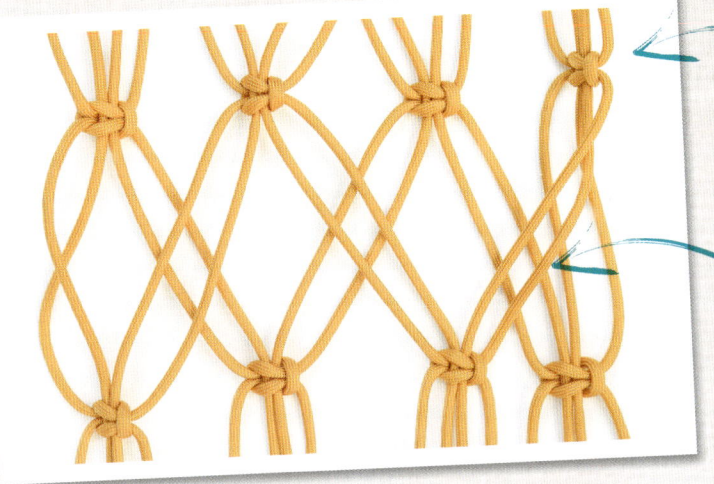

Versetzte Kreuzknoten (Schritt 6)

5 cm zwischen den Reihen

7 Mit einem weiteren Schnurrest etwa 5 cm unter der letzten Kreuzknotenreihe einen Wickelknoten um alle 16 Längen knüpfen. Überschüssige Schnur abschneiden und im Inneren des Knotens verstecken.

8 Zum Schluss alle 16 Schnüre auf die gewünschte Quastenlänge zuschneiden. Die Enden sauber verschmelzen, um ein Ausfransen zu verhindern.

Wickelknoten um alle 16 Längen (Schritt 7)

Enden im Knoteninneren versteckt

ANMERKUNG

Bei diesem Werkstück ist es leichter, in der Vertikalen zu arbeiten. Versuchen Sie deshalb, das Stück an einen S-Haken zu hängen. Während Sie an einem der Stränge aus Schritt 5 arbeiten, hängen Sie die anderen Stränge über den Haken, sodass sie nicht in Ihren Arbeitsbereich hineinhängen.

VERWENDETE KNOTEN

Diamantknoten (siehe Seite 122))
Runder viersträngiger Zopf
aus 8 Schnüren (siehe Seite 127)

GEFÄSSE & UNTERSETZER

Mit diesem Projekt haben Sie alle Freiheiten, um Gefäße, Untersetzer und Platten in zahllosen Varianten zu gestalten. Ob Sie nun einen Stifthalter, eine Obstschale oder sogar einen Wäschekorb knüpfen – lassen Sie Ihrer Vorstellungskraft freien Lauf!

MASSE
Untersetzer
↔ 14 cm Durchmesser
Gefäß
↕ 9 cm hoch

MATERIAL & WERKZEUG
10 m Paracord pro Gefäß
    oder Untersetzer
1 Endkappe aus Metall,
    15 mm Durchmesser
    (optional)
Maßband
Schere
Feuerzeug
Superkleber

ANLEITUNG

1 Paracord abmessen und zuschneiden:
4 x 2,5 m

2 Die Paracordstücke in zwei Stränge zu je zwei Schnüren teilen. In der Mitte der Stränge einen Diamantknoten (siehe Seite 122) machen.

3 Sie haben nun acht Arbeitsenden vor sich. Flechten Sie einen runden viersträngigen Zopf aus acht Schnüren (siehe Seite 127) über die ganze Schnurlänge.

Diamantknoten (Schritt 2)

Runder viersträngiger Zopf (Schritt 3)

ANMERKUNG
Die hier angegebenen Paracord-maße ergeben die abgebildeten kleinen Untersetzer und Gefäße. 20 m Paracord ergeben eine 18 cm hohe Schüssel mit einem Durchmesser von 28 cm.

4 Die Enden glatt zuschneiden und dann alle miteinander verschmelzen. Benutzen Sie die stumpfe Innenkante des Griffs Ihrer Schere, um sie zusammenzudrücken.

5 Den Zopf nun dreimal um den Diamantknoten einrollen und dabei jede Runde mit Superkleber an die vorhergehende kleben.

FÜR DEN UNTERSETZER FORTFAHREN

6 Den Zopf Runde um Runde fertig einrollen und dabei ankleben. Wenn keine Schnur mehr übrig ist, können Sie entweder eine Endkappe ankleben oder das verschmolzene Ende in die Unterseite des Untersetzers einweben und mit Superkleber befestigen.

Zwischen den Runden mit Superkleber ankleben.

Drei Runden aus Schnur (Schritt 5)

Angeklebte Endkappe aus Metall

Zusammengeklebte Runden, zum Gefäß gelegt (Gefäß Schritt 6)

GU

FÜR DAS GEFÄSS FORTFAHREN

6 Nach Fertigstellung der unteren drei Runden beginnen Sie damit, den restlichen Zopf nach oben einzurollen, sodass ein Gefäß entsteht. Jede Runde mit Superkleber an der vorhergehenden festkleben.

7 Wenn Sie mit dem Einrollen fertig sind, kleben Sie eine Endkappe aus Metall an das Ende oder weben Sie das verschmolzene Ende in das Gefäß und befestigen Sie es innen mit Superkleber. Achten Sie darauf, dass es gut versteckt ist.

ANMERKUNG

Wenn Sie Ihr Gefäß herstellen, arbeiten Sie um eine Flasche oder eine Schüssel herum, um die gewünschte Form zu erhalten. So ist es leichter, das Seil gleichmäßig einzurollen.

HÄNGETISCH

Schön, praktisch, einfach und modern: Dieser Hängetisch verleiht jedem Raum ein großes Maß an Design. Es wird Ihnen nicht schwerfallen, dieses zeitlose Stück aus traditionellen Makrameeknoten und ein paar zusätzlichen Materialien zu gestalten.

MASSE

↔ 25 cm Durchmesser
↕ maximal 120 cm

MATERIAL & WERKZEUG

1 runde Plastikform,
    25 cm Durchmesser
    und 2 cm hoch (oder
    Ähnliches)
3 Plastikröhrchen,
    6 mm Durchmesser und
    länger als die Höhe der
    Plastikform
Speiseöl
2,5 kg Zement
19 m Paracord
1 mittelgroßer Schlüsselring
Frischhaltefolie
Maßband
Superkleber
Schere
Feuerzeug

Röhrchen mit Superkleber in einem gleichseitigen Dreieck 2,5 cm vom Rand entfernt ankleben. (Schritt 1)

ANLEITUNG

FÜR DEN TISCH AUS ZEMENT

1 Die Spitzen eines gleichseitigen Dreiecks etwa 2,5 cm von der Kante der Plastikform markieren. Die drei Plastikröhrchen mit den Enden nach oben mit Superkleber an diese markierten Punkte kleben.

2 Die gesamte Form (samt Röhrchen) mit Speiseöl einfetten. So lässt sich der trockene Zement später leichter aus der Form lösen und die Oberfläche des Tisches wird glatter.

3 Den Zement der Anleitung auf der Packung entsprechend anrühren.

Biegsame Plastikform

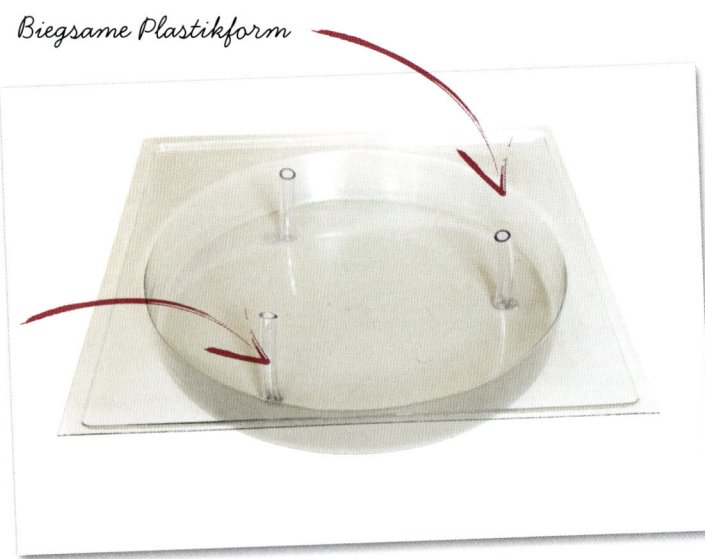

ANMERKUNG

Sie können Ihre Plastikform online in einem Gartenshop, einem Baumarkt oder einem Handarbeitsladen kaufen. Die Form sollte leicht biegsam sein, damit Sie Ihren Tisch leichter aus der Form drücken können, wenn der Zement ausgehärtet ist.

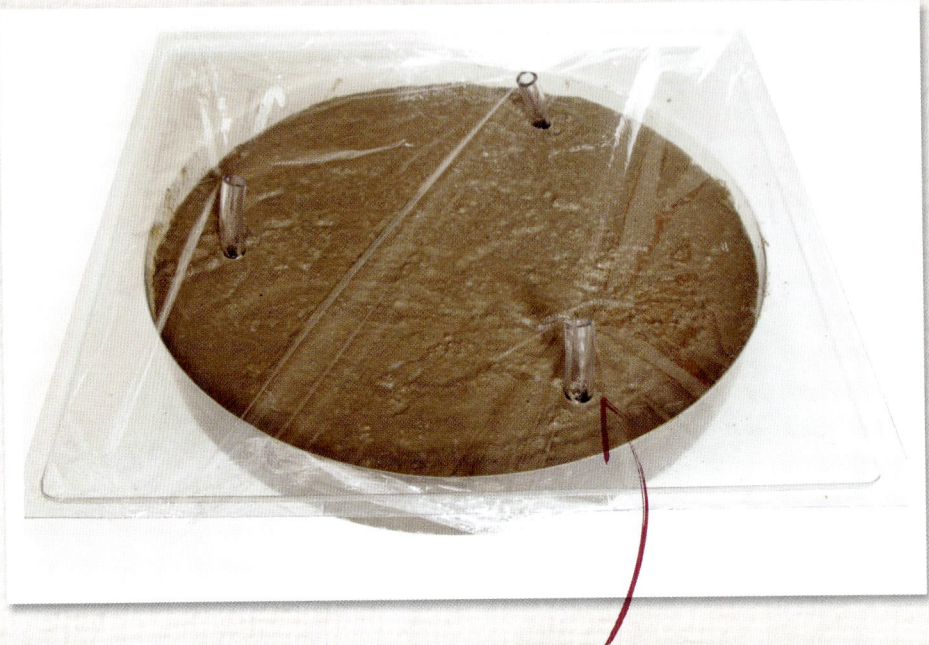

Mit Frischhaltefolie bedecken, damit der Zement beim Aushärten sauber bleibt.

4 Den Zement langsam in die Form gießen. Mit der Form ein paar Mal auf den Untergrund klopfen, um Luftblasen zu entfernen. Weiterklopfen, bis der Zement einigermaßen glatt ist. Die Form mit Frischhaltefolie bedecken, um den Zement während des Aushärtens sauber zu halten.

5 Den Zement wie in der Anleitung auf der Verpackung aushärten lassen. Dies dauert mindestens 24 Stunden.

6 Sobald der Zement ausgehärtet ist, die Form umdrehen und die Platte vorsichtig herausdrücken. Die Röhrchen können sich dabei lösen; wenn nicht, ziehen Sie sie einfach heraus.

ANMERKUNG
Denken Sie daran, mehr Zement anzurühren, wenn Sie eine Form verwenden, deren Durchmesser größer ist als die hier gezeigten 25 cm!

PARACORD ANBRINGEN

7 Paracord abmessen und zuschneiden:
3 x 4 m
3 x 2 m
Die überschüssige Schnur vorerst beiseite legen.

8 Die drei 4 m langen Schnüre nehmen und durch den Schlüsselring schieben, bis sich dieser in der Mitte befindet. Nun die drei 2 m langen Schnüre durch den Ring schieben, bis sie etwa 5 cm überstehen.

9 Mit der überschüssigen Schnur einen Wickelknoten (siehe Seite 119) um alle Schnüre unter dem Ring knüpfen. Dieser hält und versteckt die kurzen Enden der drei 2 m-Schnüre. Den Knoten unter der Wicklung verstecken. Die Enden abschneiden und ebenfalls im Inneren verstecken.

10 Nun haben Sie neun Arbeitsenden aus Paracord. Teilen Sie diese in drei Stränge zu je drei Schnüren.

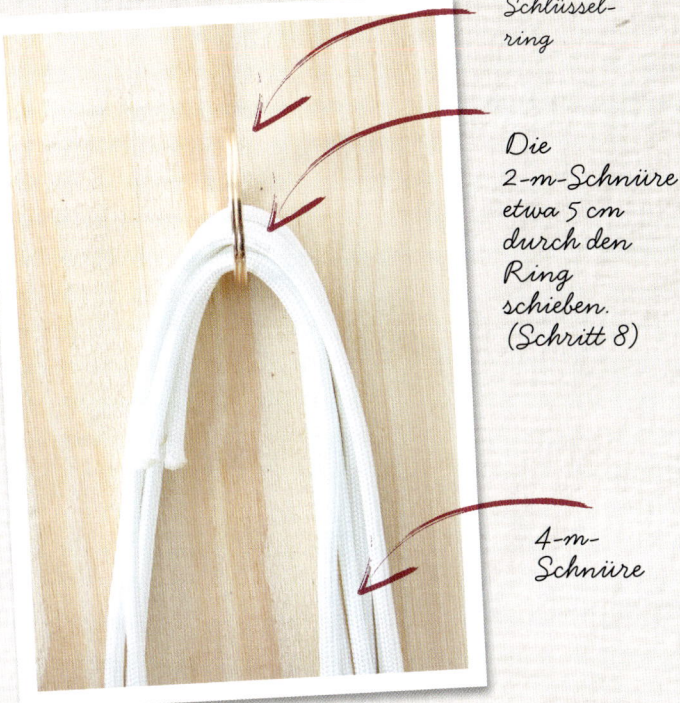

Schlüsselring

Die 2-m-Schnüre etwa 5 cm durch den Ring schieben. (Schritt 8)

4-m-Schnüre

Wickelknoten um alle Längen (Schritt 9)

Überschüssige Schnur im Knoten verstecken

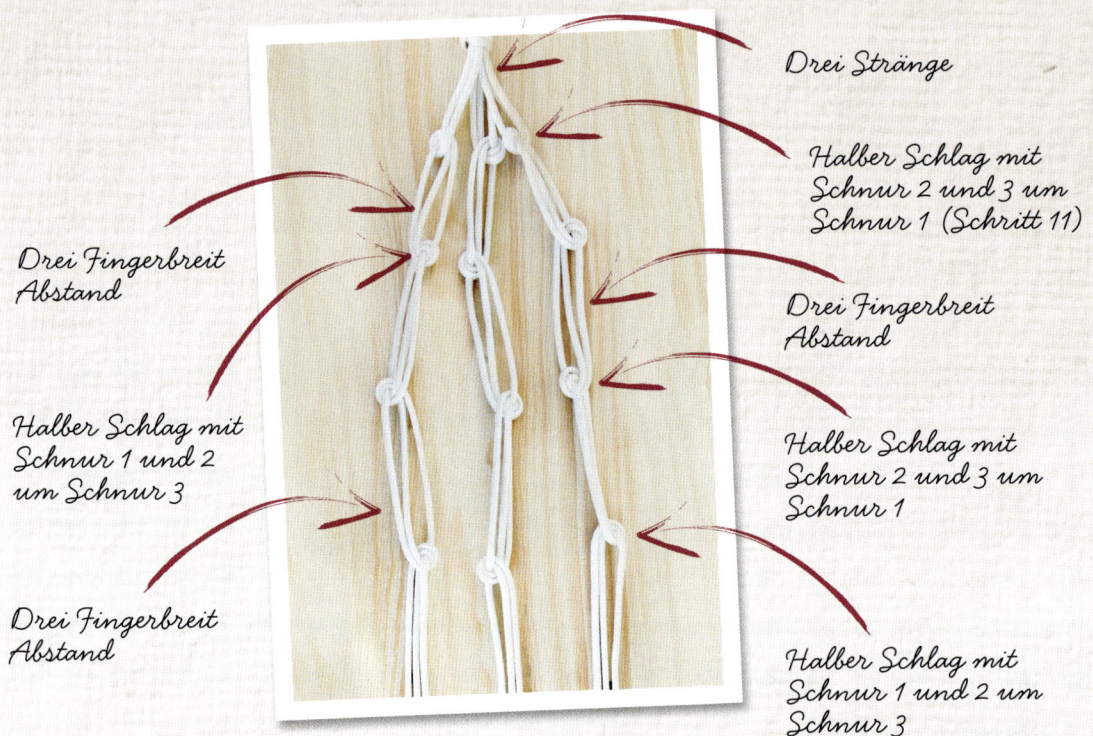

Drei Stränge

Halber Schlag mit
Schnur 2 und 3 um
Schnur 1 (Schritt 11)

Drei Fingerbreit
Abstand

Drei Fingerbreit
Abstand

Halber Schlag mit
Schnur 2 und 3 um
Schnur 1

Halber Schlag mit
Schnur 1 und 2
um Schnur 3

Halber Schlag mit
Schnur 1 und 2 um
Schnur 3

Drei Fingerbreit
Abstand

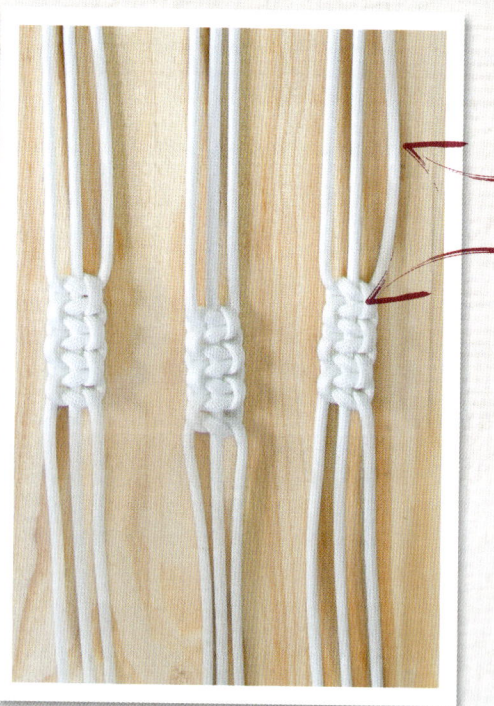

Zwei Hand-
breit Abstand

Sechs Kreuz-
knoten

11 Arbeiten Sie an jedem Strang
unabhängig von den anderen
und knüpfen Sie das folgende
Muster:

- Ein Halber Schlag (siehe Seite
  118) mit Schnur 2 und 3 um
  Schnur 1
- Drei Fingerbreit Abstand lassen
- Ein Halber Schlag mit
  Schnur 1 und 2 um Schnur 3
- Drei Fingerbreit Abstand lassen
- Ein Halber Schlag mit
  Schnur 2 und 3 um Schnur 1
- Drei Fingerbreit Abstand lassen
- Ein Halber Schlag mit
  Schnur 1 und 2 um Schnur 3
- Zwei Handbreit Abstand lassen
- Sechs Kreuzknoten (siehe
  Seite 116)

12 Wenn Sie das Muster mit allen drei Strängen fertiggeknüpft haben, nehmen Sie Ihre Zementplatte und fädeln Sie jeden Strang durch ein eigenes Loch.

13 Zum Fertigstellen einen Überhandknoten (siehe Seite 115) in jeden Strang unter der Platte machen. Die Enden gleichmäßig abschneiden und verschmelzen, um ein Ausfransen zu verhindern.

ANMERKUNG
Sie müssen vielleicht die Überhandknoten unter der Tischplatte anpassen, damit der Tisch gerade wird.

Jeden Strang durch ein Loch in der Platte führen.
(Schritt 12)

Überhandknoten machen.
(Schritt 13)

Gleichmäßig abgeschnittene und verschmolzene Enden

STUHL

Wenn Sie ein paar alte Gartenstühle oder auch nur noch die Rahmen davon in Ihrer Garage haben, dann holen Sie sie hervor und hauchen Sie ihnen neues Leben ein. Das ist die kreative Lizenz zum Durchdrehen, wenn's um Farben und Muster geht. Das perfekte Projekt für einen Sommertag!

MASSE

↕ Diese Anleitung ist für einen 75 cm hohen Stuhl.

MATERIAL & WERKZEUG

180 m Paracord in den Farben Ihrer Wahl
1 Rahmen eines Gartenstuhls
2 Häkelnadeln oder Stifte, mindestens 1 cm im Durchmesser
1 Makramee-Stuhlmuster (siehe Seite 98)
Schere
Feuerzeug
Maßband

VERWENDETE KNOTEN

Kreuzknoten (siehe Seite 116)
Kettenstek (siehe Seite 124)

ANLEITUNG

1 Dieses Projekt basiert auf einem Makramee-Webmuster aus 39 vertikalen Knoten und 38 horizontalen Knoten, die auf einen 75 cm großen Stuhl passen. Die folgenden Maße müssen Sie eventuell abhängig von Ihrer Rahmengröße, Ihrem Muster und Ihren Farben anpassen. Um genau diesem Muster zu folgen, schneiden Sie Ihren Paracord auf folgende Längen zu:

1 x 90 m
4 x 22 m
in verschiedenen Farben

2 Entfernen Sie jegliche Bezüge von Ihrem Stuhlrahmen, sodass nur noch das Gerippe übrigbleibt.

Stuhlrahmen, 75 cm hoch

MUSTERVORLAGEN

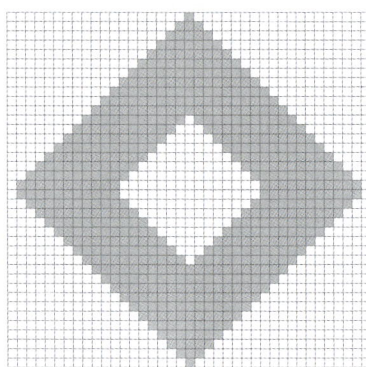

Sitzfläche

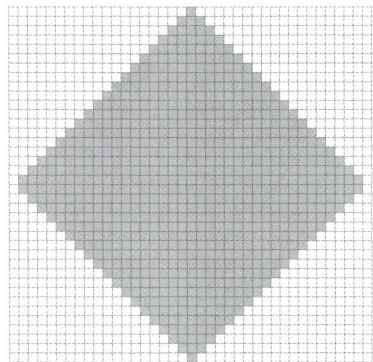

Rückenlehne

Sie können diese Muster-
vorlagen nutzen, um das
Muster dieses Stuhls nach-
zuarbeiten. Die grauen
Kästchen zeigen, wo die
bunte Schnur über die
vertikale weiße Schnur
gewoben wird. Folgen Sie
diesem Muster oder werden
Sie kreativ und denken Sie
sich Ihr eigenes einzigartiges
Design aus, damit der Stuhl
zu Ihrem Stil passt.

3 Zuerst verknoten Sie die vertikalen Schnüre. Positionie-
ren Sie Ihre 90-m-Schnur unter der Sitzfläche des
Stuhls. Lassen Sie etwa 5 cm Schnur am Ende stehen und
machen Sie einen festen doppelten Kreuzknoten (siehe Seite
116) unter der unteren linken Ecke der Sitzfläche. Machen Sie
den Knoten an der geraden Kante des Rahmens; versuchen
Sie nicht, an Ecken und Rundungen zu knüpfen.

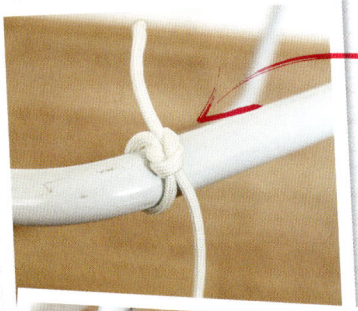

*Einen doppelten
Kreuzknoten an
der unteren
linken Ecke des
Rahmens
machen.
(Schritt 3)*

*Arbeitsende
unter der
mittleren Stan-
ge, dann über
die obere Stange
führen.
(Schritt 4)*

4 Führen Sie nun Ihre
Arbeitsschnur unter die
mittlere Stange und dann
nach oben über den Rahmen.
Machen Sie eine Schlinge und
wickeln Sie diese über die
obere Stange; dabei auf der
linken Seite enden.

*Eine Schlinge
machen.
(Schritt 4)*

*Die Schlinge um die
obere Stange wickeln
und dabei links enden.
(Schritt 4)*

5 Eine Häkelnadel oder einen Stift in die Schlinge stecken, die Sie gerade gemacht haben. Die Schnur festziehen, sodass der Stift oder die Häkelnadel an seinem/ihrem Platz bleibt. Für diese Knüpftechnik brauchen Sie den Kettenstek (siehe Seite 124).

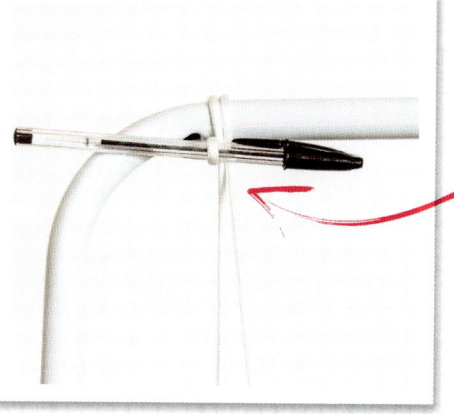

Einen Stift oder eine Häkelnadel in die Schlinge stecken (Schritt 5) und die Schnur festziehen, sodass der Stift oder die Nadel an ihrem Platz bleibt.

6 Nun die Arbeitsschnur wieder nach unten und unter die mittlere Stange führen, dann nach oben und über die untere Stange. Eine Schlinge machen und nach links um die Stange wickeln, einen Wickelknoten um den bereits vorhandenen Kreuzknoten knüpfen. Dann die zweite Häkelnadel oder den zweiten Stift in die Schlinge stecken.

ANMERKUNG
Es ist am leichtesten, mit einer Häkelnadel zu arbeiten, wenn Sie eine Schlinge durch die andere zu ziehen. Wenn Sie mit einem Stift arbeiten, wie hier gezeigt, ziehen Sie ihn stückweise aus Schlinge A, während Sie diese mit Schlinge B ersetzen, sodass die zweite Schlinge leicht durch die erste gleitet.

Die Arbeitsschnur wieder nach unten und unter die mittlere Stange führen. (Schritt 6)

Arbeitsschnur über die untere Stange führen und eine Schlinge machen. (Schritt 6)

Die Schlinge um die Stange nach links und um den Kreuzknoten führen. (Schritt 6)

Stift oder Häkelnadel in die Schlinge stecken und festziehen. (Schritt 6)

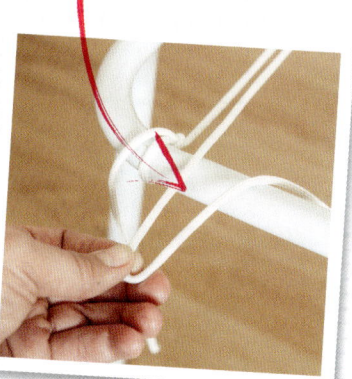

7 Führen Sie Ihre Arbeitsschnur wieder unter die mittlere Stange und dann über den oberen Rahmen. Eine Schlinge machen und diese um die obere Stange wickeln. Achten Sie darauf dass die Schlinge auf der linken Seite der Schnur herauskommt. Diese Schlinge nennen wir Schlinge B.

Arbeitsschnur unter die mittlere Stange und dann wieder über den Rahmen führen. (Schritt 7)

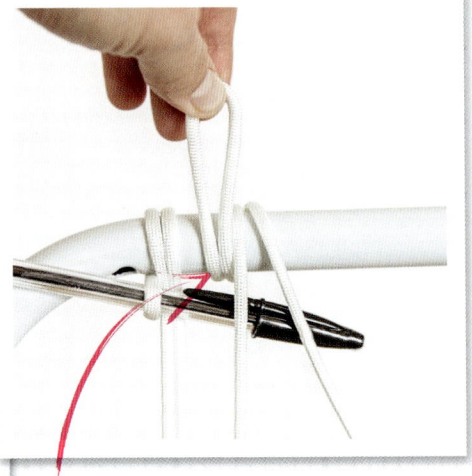

Eine Schlinge machen. (Schritt 7)

Schlinge um die obere Stange schlingen, sodass die Schlinge links von der Schnur herauskommt. (Schritt 7)

8 Wenn Sie eine Häkelnadel verwenden, können Sie einfach in Schlinge B einstechen und sie durch Schlinge A ziehen. Einen Stift ziehen Sie einfach aus Schlinge A und führen Schlinge B durch Schlinge A. Die Häkelnadel/den Stift in die verbleibende Schlinge stechen.

Schlinge B durch Schlinge A ziehen. (Schritt 8)

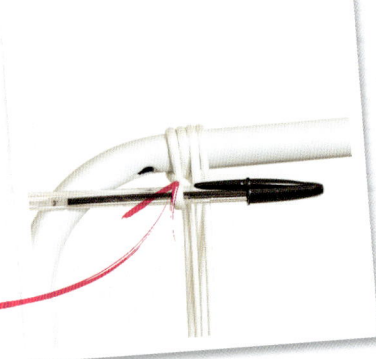

Bleistift/Häkelnadel in die verbleibende Schlinge stecken. (Schritt 8)

9 Schritt 7 und 8 wiederholen und dabei entlang der gesamten Breite des Stuhls hinauf- und hinunterarbeiten. In meinem Muster gibt es 39 vertikale Knotenpaare, für Ihres brauchen Sie vielleicht eine andere Knotenzahl.

Wenn Sie mit einem Stift arbeiten, diesen stückweise aus Schlinge A ziehen, während Sie ihn durch Schlinge B ersetzen.

Die Arbeitsschnur über die untere Stange führen, dann Schlinge B durch Schlinge A ziehen.

Muster entlang der Rahmenbreite wiederholen (Schritt 9). Immer den Stift/die Häkelnadel in die verbleibende Schlinge stecken.

10 Wenn Sie bereit sind, den letzten Knoten an der oberen Stange des Rahmens zu knüpfen, messen Sie Ihre Arbeitsschnur ab und schneiden Sie sie so zu, dass sie lang genug ist, um den letzten Arbeitsschritt auszuführen. Ziehen Sie dann die Arbeitsschnur ganz durch die letzte obere Schlinge.

Beim letzten Knoten an der oberen Stange die Arbeitsschnur ganz durch die Schlinge ziehen. (Schritt 10)

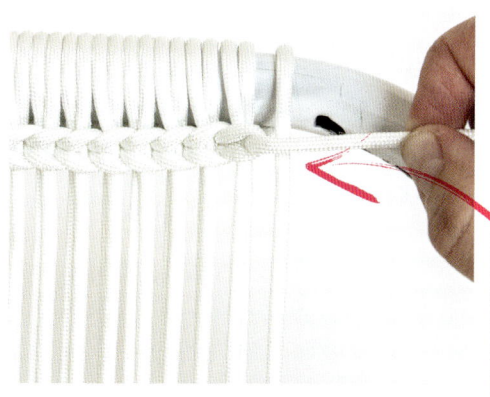

11 Nun zum letzten Mal die Arbeitsschnur nach unten bringen, unter der mittleren Stange hindurch- und über die untere Stange führen. Um die untere Stange schlingen und die Schlingen ineinanderschieben. Dann wie bei der oberen Stange die Arbeitsschnur durch die Schlinge ziehen.

Zum letzten Mal Schlinge B durch Schlinge A ziehen. (Schritt 11)

Letzte Schlinge an der unteren Stange (Schritt 11)

Zuletzt die Arbeitsschnur ganz durch die Schlinge ziehen. (Schritt 11)

Überschüssige Schnur abschneiden (Schritt 12). Die verschmolzenen Enden unten an den Stuhl kleben.

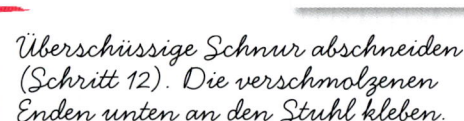

Die vertikalen Knoten sind fertiggestellt.

12 Um die Schnur zu befestigen, knüpfen Sie einen doppelten Kreuzknoten wie ganz am Anfang. Die überschüssige Schnur auf ca. 2,5 cm zuschneiden, dann verschmelzen und beide Enden an die Unterseite des Stuhls drücken. Achten Sie darauf, dass die Enden gut kleben. Sie haben nun alle vertikalen Knoten fertiggestellt.

13 Nun wird horizontal geknüpft und gewoben. Folgen Sie den Schritten 3 bis 12, arbeiten Sie diesmal aber horizontal von der Unterseite der linken Stange zur rechten Stange. Die erste Schnur mit einem doppelten Kreuzknoten anbringen.

14 Um Ihr Design zu gestalten, weben Sie Ihre farbige Schnur unter und über die vertikalen Schnüre, so wie es Ihrem Muster entspricht. Sie können Ihr eigenes Muster gestalten, eines heraussuchen oder meines verwenden.

Einen doppelten Kreuzknoten knüpfen, um mit dem horizontalen Weben zu beginnen. (Schritt 13)

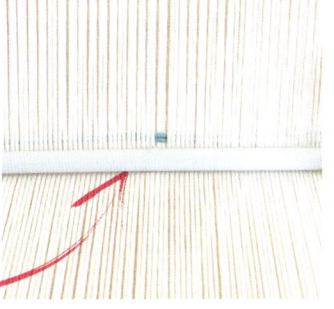

Je nach Muster wird die Schnur vor oder hinter den vertikalen Schnüren geführt. (Schritt 14)

15 Wickeln Sie die Schnur immer über jede Stange wie beim Knüpfen der vertikalen Knoten. Um die Stange schlingen und darauf achten, dass Sie immer die Schnur nach links oder zum Anfang hin schlingen. Immer Schlinge B durch Schlinge A schieben, um den Kettenstek zu knüpfen.

16 Im letzten Schritt (sowohl für die Rückseite als auch die Sitzfläche) die Arbeitsschnur durch die letzten Schlingen ziehen. Zum Befestigen einen doppelten Kreuzknoten knüpfen und dann die überschüssige Schnur abschneiden und verschmelzen.

Wie zuvor Stift oder Häkelnadel für die Schlingen verwenden. (Schritt 15)

Das Muster nimmt Form an. (Schritt 15)

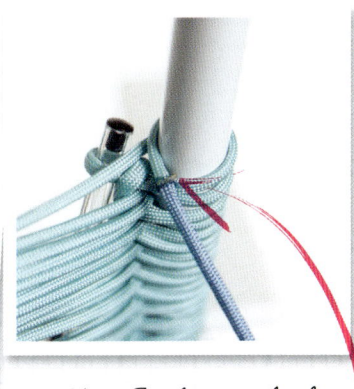

Hier Farben wechseln, damit der Verbindungspunkt nicht auffällt.

HÄNGEMATTE

Es gibt keinen besseren Ort zum Entspannen als Ihre eigene, selbstgeknüpfte Hängematte. Für dieses Design benötigen Sie nur einen einzigen, leichten Knoten, der sich stets wiederholt, sodass dies ein ganz einfaches, aber sehr lohnendes Werkstück ist.

MASSE

↕ 4 m
↔ 1 m

MATERIAL & WERKZEUG

144 m Paracord
Maßband
Schere
Feuerzeug

ANLEITUNG

1 Paracord abmessen und zuschneiden:
24 x 6 m
Die Enden mit einem Feuerzeug verschmelzen, damit sie nicht ausfransen.

2 Alle 24 Längen an einem Ende zusammennehmen.
Verknoten Sie sie etwa 30 cm von den Enden entfernt mit einem Überhandknoten (siehe Seite 115).

Überhandknoten knüpfen, 30 cm an den Enden stehenlassen. (Schritt 2)

24 Längen

VERWENDETE KNOTEN

Überhandknoten (siehe Seite 115)

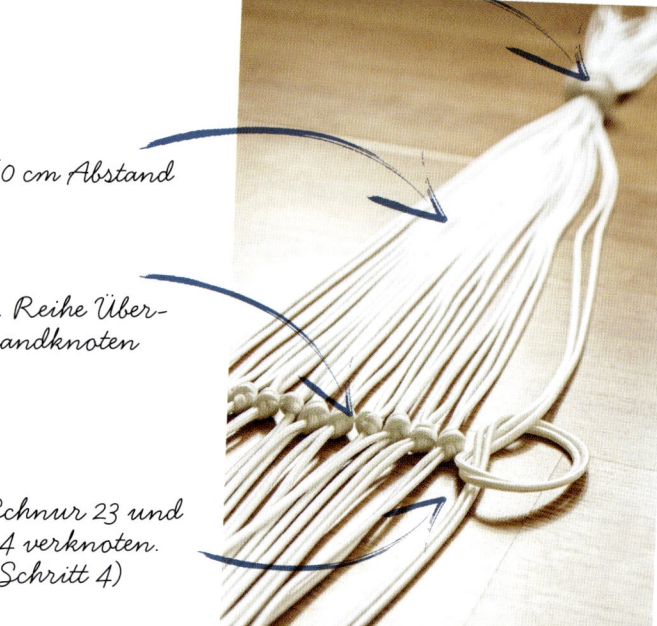

Erster Überhand-
knoten

60 cm Abstand

1. Reihe Über-
handknoten

Schnur 23 und
24 verknoten.
(Schritt 4)

3 Legen Sie Ihre Arbeit auf eine
glatte Oberfläche und beginnen Sie, Ihr Muster zu knüpfen.
Lassen Sie unter dem Überhandknoten 60 cm ungeknüpft, bevor
Sie mit der ersten Knotenreihe
beginnen.

4 Von links aus arbeiten und die
ersten zwei Schnüre - Schnur
1 und 2 - mit einem Überhandknoten verknoten. Wiederholen Sie
diesen Schritt für die Schnüre
3 und 4, 5 und 6 und so weiter, bis
Sie 12 Überhandknoten in der
Reihe geknüpft haben.

Schnur 1 und 24 jede
2. Reihe auslassen.

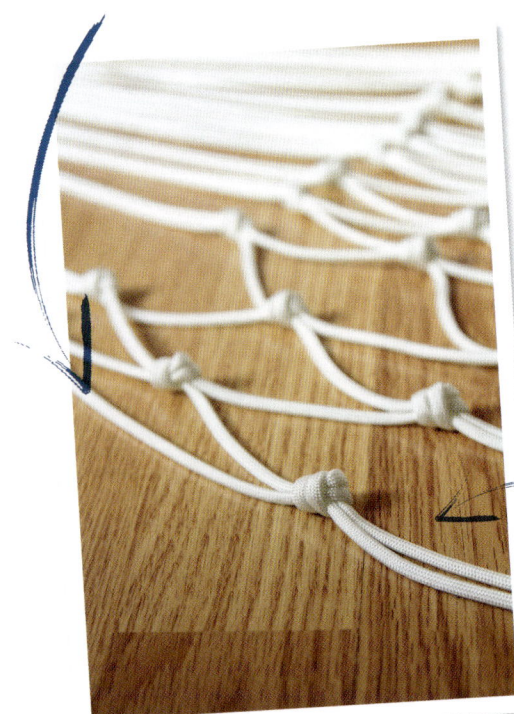

5 Lassen Sie einen Abstand von 7,5 cm vor
dem Beginn der zweiten Knotenreihe. Wieder
von links nach rechts arbeiten. Diesmal lassen
Sie aber Schnur 1 aus und verknoten stattdessen
Schnur 2 und 3, 4 und 5 und so weiter. Schnur
24 auch auslassen. Wieder einen Abstand von
7,5 cm lassen, bevor Sie die nächste Knotenreihe
beginnen.

6 Wiederholen Sie die Schritte 4 und 5, bis
noch etwa 1 m Schnur übrig ist. Achten Sie
darauf, dass Sie in der letzten Reihe mit den
Schnüren 1 und 24 knüpfen.

7,5 cm Abstand zwischen den
Reihen lassen.

7 Nun einen großen Überhandknoten mit allen 24 Längen
knüpfen und dabei einen Abstand
von 60 cm zu Ihrer letzten
Knotenreihe lassen.

8 Überschüssige Schnur
abschneiden und verschmelzen, sodass dieses Ende zur
anderen Seite der Hängematte
passt.

KNOTEN, DIE SIE VERWENDEN KÖNNEN

Josephinenknoten (siehe Seite 120)
oder
Carrick-Bend-Knoten (siehe Seite 120)

DEKORATION FÜR VASEN

Mit dieser schnellen und leichten Anleitung können Sie Marmeladengläser oder ungeliebte alte Vasen in bunte Hingucker verwandeln. Außerdem lassen sich Paracordreste so hervorragend verwerten.

MASSE
Unterschiedlich

MATERIAL & WERKZEUG
2 m Paracord in den Farben
  Ihrer Wahl
1 alte Vase oder ein Glas
Maßband
Schere
Feuerzeug
Superkleber

ANLEITUNG

1 Paracord abmessen und zuschneiden:
  1 x 2 m

Wenn Sie eine große Vase schmücken möchten, benötigen Sie mehr Paracord. Sie können auch zwei oder mehr verschiedene Farben verwenden. Verschmelzen Sie den Anfang der Schnur, damit er nicht ausfranst.

2 Den Anfang der Schnur mit Superkleber auf die Vase kleben. Beginnen Sie nun damit, den Paracord so oft wie gewünscht um das Gefäß zu wickeln.

3 Wenn Sie zwei (oder mehr) Farben verwenden möchten, verschmelzen Sie die Enden der neuen und der alten Farbe miteinander und fahren Sie mit dem Wickeln fort.

4 Am Ende den Paracord verschmelzen und mit Superkleber an die Vase kleben.

5 Optional: Knüpfen Sie einen Josephinenknoten (siehe Seite 120) oder einen Carrick-Bend-Knoten (siehe Seite 120). Zum Fertigstellen die überschüssige Schnur abschneiden und an der Unterseite verschmelzen und befestigen. Den Knoten auf die Vorderseite der Vase kleben.

ANMERKUNG
Verbinden Sie den Paracord beim Farbwechsel auf derselben Seite der Vase, auf der sie auch mit dem Wickeln begonnen haben.

ABDECKUNG FÜR KABEL

Werten Sie Ihre langweilige Schreibtisch- oder Hängelampe mit dem Halben Schlag, einem leichten Makramee-Knoten, auf. Dieses Verfahren bietet Ihnen eine sehr einfache Möglichkeit, etwas Altes in etwas schönes Neues zu verwandeln.

MASSE

↕ 1,5 m

MATERIAL & WERKZEUG

3 m Paracord
1 alte Schreibtisch- oder
    Hängelampe oder ein
    anderes Elektrogerät mit
    Kabel
Maßband
Schere
Feuerzeug

ANLEITUNG

1 Paracord abmessen und zuschneiden:
1 x 3 m

Für ein längeres Kabel benötigen Sie mehr Paracord. Sie können auch zwei oder mehr Farben wählen.

2 Den Paracord mittig nehmen und einen halben Knoten (siehe Seite 117) um das Kabel knüpfen.

3 Über die gesamte Länge des Kabels Halbe Schläge knüpfen.

4 Zum Fertigstellen die beiden Paracordenden abschneiden und miteinander verschmelzen.

ANMERKUNG

Wenn Sie die Farbe wechseln möchten, müssen Sie nur die Enden der neuen und der alten Farbe miteinander verschmelzen.

ACHTUNG!

Seien Sie immer vorsichtig, wenn Sie mit Elektrogeräten arbeiten! Nehmen Sie die Lampe vom Strom, bevor Sie dieses Werkstück beginnen, und achten Sie unbedingt darauf, dass das Plastik des Kabels nicht schmilzt, wenn Sie die Enden Ihrer Schnur miteinander verschmelzen.

VERWENDETE KNOTEN

Halber Knoten (siehe Seite 117)

VERWENDETE KNOTEN

Runder viersträngiger Zopf
(siehe Seite 127)
Wickelknoten (siehe Seite 119)

HUNDELEINE

Wenn Ihre Hundeleine schon alt und abgenutzt aussieht, dann bekommen Sie mit diesem kinderleichten Projekt eine neue. Sie haben Ihrem Hund im Nu einen brandneuen Look verpasst, mit dem er dann durch den Park laufen kann!

MASSE
↕ 95 cm

MATERIAL & WERKZEUG
7 m Paracord
1 Schnalle oder Karabiner
Stickgarn
Maßband
Schere
Feuerzeug

ANLEITUNG

1 Paracord abmessen und zuschneiden: 4 x 1,75 m

2 Alle vier Längen Paracord zusammennehmen und mit dem Feuerzeug an einem Ende verschmelzen.

3 Nun mit dem Flechten des runden viersträngigen Zopfes (siehe Seite 127) beginnen. Wenn der Zopf 33 cm lang ist, legen Sie ihn zu einer großen Schlinge (dies wird der Griff der Leine). Zwei Arbeitsenden durch den Anfang des Zopfes weben.

4 Den runden viersträngigen Zopf noch 80 cm weiterflechten.

5 Die Schnalle oder den Karabiner an der Leine befestigen. Dafür den Zopf umknicken, sodass eine kleine Schlinge entsteht, in der sich die Schnalle/der Karabiner befindet. Die Arbeitsenden wie in Schritt 3 zweimal in den fertigen Zopf weben.

6 Die Enden abschneiden und miteinander verschmelzen.

7 Mit dem Stickgarn einen Wickelknoten (siehe Seite 119) um die beiden Verbindungsstücke machen. Achten Sie darauf, das Garn zu verknoten und die Enden im Inneren des Knotens zu verstecken, damit der Knoten nicht aufgeht.

Zwei Arbeitsenden durch den Beginn des Zopfes weben. (Schritt 3)

Verschmolzene Anfänge

DIE KNOTEN

ÜBERHANDKNOTEN

Der gemeinhin verwendete Überhandknoten ist sehr leicht zu knüpfen und extrem stark nach der Fertigstellung. Er wird oft verwendet, um zwei Schnüre zusammenzubinden, wie auf dem Foto links gezeigt.

1 Machen Sie eine Schlinge mit Ihrer (oder Ihren) Länge(n) aus Schnur.
2 Ein Ende um die Schnur und durch die Schlinge führen..
3 An beiden Enden festziehen.

ANKERSTICH

Dieser einfache Knoten wird traditionell am Beginn einer Makramee-Arbeit verwendet, um eine Länge Schnur an einer Stange, einer Schnalle oder einer anderen Schnur zu befestigen. Um Letzteres zu zeigen, haben wir hier zwei Schnüre verwendet.

1 Ordnen Sie die Schnüre so an, dass die obere horizontal liegt; dies ist die Träger-schnur. Falten Sie die zweite Schnur in der Mitte, sodass die Schlinge nach oben zeigt.
2 Die Schlinge hinter und um die Träger-schnur führen.
3 Dann die losen Enden der Arbeitsschnur durch die Schlinge ziehen, die sich nun vor der Trägerschnur befindet.
4 Die losen Enden festziehen, um den Knoten zu befestigen.

1

2

3

4

KREUZKNOTEN

Der Kreuzknoten wird auch Reffknoten oder Weberknoten genannt. Kreuzknoten werden mit zwei Schnüren über eine bestimmte Zahl Trägerschnüre (normalerweise zwei) geknüpft.

1. Die Schnüre so anordnen, dass die zwei Arbeitsschnüre außen liegen und die Trägerschnüre in der Mitte. Die linke Arbeitsschnur über die zwei Trägerschnüre und unter die rechte Schnur führen.
2. Die rechte Schnur unter die zwei Trägerschnüre führen und oben durch die eben entstandene Schlinge auf der linken Seite führen. Festziehen.
3. Führen Sie die rechte Schnur über die zwei Trägerschnüre und unter der linken Schnur hindurch.
4. Die linke Schnur unter den beiden Trägerschnüren hindurch und hinauf durch die Schlinge auf der rechten Seite führen. Den Knoten an den Enden festziehen. Ihr Kreuzknoten ist nun fertig.

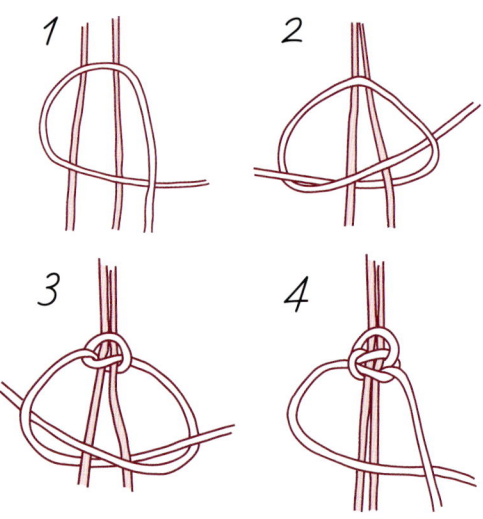

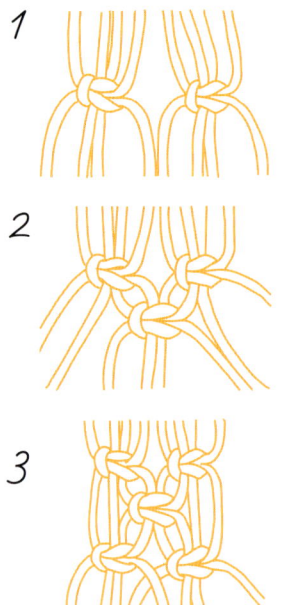

VERSETZTER KREUZKNOTEN

Der versetzte Kreuzknoten ist ein Muster aus Kreuzknoten (siehe oben) aus acht oder mehr Schnüren.

1. Wenn Sie mit acht Schnüren arbeiten, teilen Sie diese in zwei Gruppen zu je vier Schnüren (Wenn Sie, wie auf dem Foto, mit zwölf Schnüren arbeiten, teilen Sie sie in drei Gruppen zu je vier Schnüren). Knüpfen Sie in jeder Gruppe mit den zwei äußeren Schnüren einen Kreuzknoten über die zwei mittleren Schnüre.
2. Bringen Sie die zwei linken Schnüre der rechten Gruppe und die zwei rechten Schnüre der linken Gruppe in die Mitte und lassen Sie dabei die zwei äußeren Schnüre an den Seiten fallen. In der mittleren Gruppe einen Kreuzknoten mit den zwei äußeren über die zwei mittleren Schnüre knüpfen.

HALBER KNOTEN

Dieser Knoten ist die erste Hälfte des Kreuzknotens (siehe Seite 116), die, immer wieder geknüpft, eine hübsche Spirale ergibt. Etwa acht Knoten ergeben eine ganze Drehung. Sie arbeiten mit zwei zur Hälfte genommenen Paracordlängen.

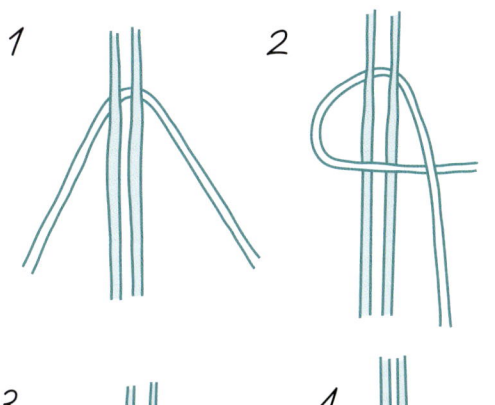

1 Die Schnüre so anordnen, dass die zwei Arbeitsschnüre außen liegen. Die mittleren sind die Trägerschnüre, um die der Knoten geknüpft wird (die Trägerschnüre können aus jedem Material sein, nicht nur aus Paracord!).

2 Die linke Schnur über die beiden Trägerschnüre und unter die rechte Schnur führen.

3 Nun die rechte Schnur unter die beiden Trägerschnüre und durch die eben entstandene Schlinge auf der linken Seite führen. Die Schnüre festziehen.

4 Schritt 2 und 3 wiederholen, bis die Knüpfarbeit die gewünschte Länge erreicht hat. Je fester die Knoten sind, umso ansehnlicher wird das Muster.

3 Sie haben nun eine Einheit des versetzten Kreuzknotens fertiggestellt. Um in diesem Muster weiterzuarbeiten, knüpfen Sie mit den vier linken Schnüren und dann mit den vier rechten Schnüren einen Kreuzknoten

4 Die Schritte 2 und 3 wiederholen, bis Sie die gewünschte Länge erreicht haben.

EINFACHER UND DOPPELTER HALBER SCHLAG

Dieser Knoten ist ein sehr vielseitiger Makramee-knoten. Er kann vertikal, horizontal, diagonal, von rechts nach links und umgekehrt geknüpft werden. Er ist auch als Webeleinstek bekannt.

EINFACH

1 Um einen vertikalen Halben Schlag zu knüpfen, müssen Sie zwei Schnüre nebeneinander anordnen. Machen Sie eine Schlinge mit der linken um die rechte Schnur: Dabei führen Sie das Arbeitsende der linken Schnur hinter, über, unter und durch die Schlinge.

VERTIKAL DOPPELT

2 Für einen vertikalen doppelten Halben Schlag vier (oder mehr) Schnüre parallel anordnen. Eine Schlinge mit der linken Schnur um die daneben-liegende Schnur machen.

3 Eine zweite Schlinge machen, um den doppelten Halben Schlag fertigzustellen. Mit derselben linken Schnur einen weiteren doppelten Halben Schlag um die nächste Schnur knüpfen. Mit allen Schnüren wiederholen, bis Sie an der rechten Schnur angelangt sind, dann auf dieselbe Weise nach links zurückkehren.

HORIZONTAL UND DIAGONAL DOPPELT

4 Um einen horizontalen doppelten Halben Schlag zu knüpfen, ordnen Sie die Schnüre wie in Schritt 1 an, legen aber die linke Schnur über alle anderen. Das ist die Schnur, die die Knoten hält und die doppelten Halben Schläge werden darum geknotet.

5 Jede Schnur zweimal um die Halteschnur schlingen. Wenn Sie bei der letzten Schnur auf der rechten Seite angelangt sind, schlingen Sie die Halteschnur zurück nach links und fahren Sie fort wie zuvor.

6 Der diagonale doppelte Halbe Schlag kann auf dieselbe Art geknüpft werden wie der horizonta-le doppelte Halbe Schlag, legen Sie die Hal-teschnur einfach diagonal über die anderen.

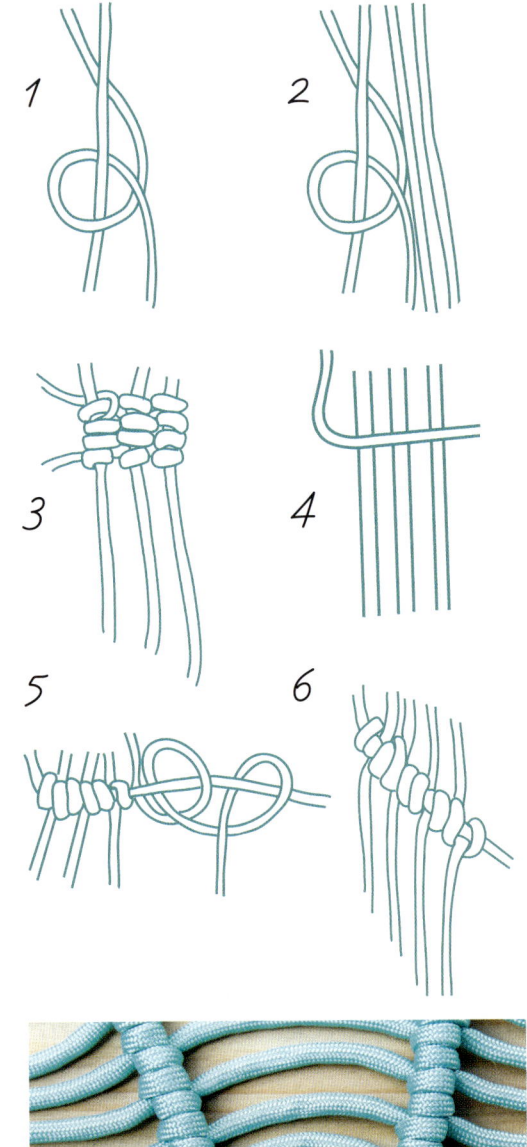

Diagonaler doppelter Halber Schlag

SCHIEBEKNOTEN

Der Schiebeknoten ist perfekt geeignet, um die Enden von Schmuckstücken und Halsketten fertigzustellen, da der Knoten entlang der Schnur hin und her geschoben werden kann, um die Länge anzupassen.

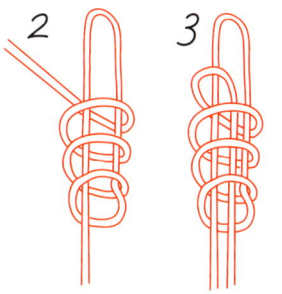

1 Nehmen Sie Ihre Schnur und bilden Sie zuerst eine Schlinge.
2 Nun ein Ende der Schnur dreimal um die Schlinge wickeln.
3 Zum Fertigstellen das Arbeitsende durch die Mitte der Wicklung schieben.
4 Festziehen.

WICKELKNOTEN

Ein häufig verwendeter Knoten in der Welt des Makramee ist der Wickelknoten, der auf dekorative Weise mehrere Schnüre zu einem Bündel zusammenfasst. Er ist leicht zu knüpfen und sehr hübsch, um ein Werkstück zu beginnen oder abzuschließen.

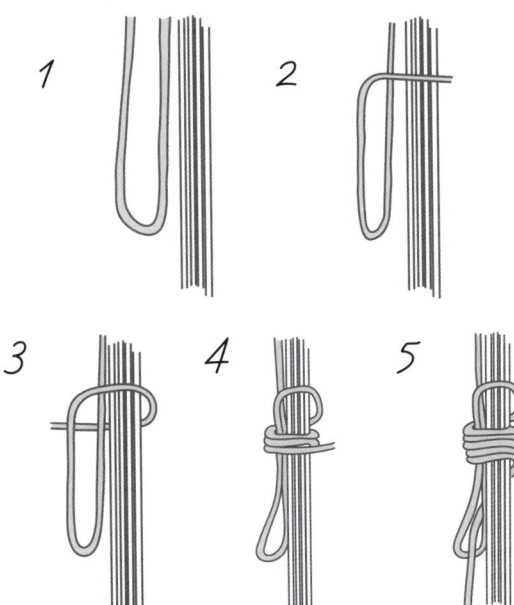

1 Nehmen Sie all Ihre Schnüre zusammen. Machen Sie eine Schlinge mit einer anderen Schnur (oder mit Garn). Achten Sie darauf, dass diese lange genug ist, um die gewünschte Anzahl an Umwicklungen fertigzustellen.
2 Das linke Ende der Schlinge über dem rechte Ende und den zusammengenommenen Schnüren überkreuzen.
3 Beginnen Sie damit, dieses Arbeitsende um alle Schnüre und die Schlinge selbst herumzuwickeln.
4 Den Wickelvorgang wiederholen, bis Sie die gewünschte Anzahl an Wicklungen erreicht haben.
5 Zum Fertigstellen die Arbeitsschnur durch die Schlinge an der Unterseite schieben. An beiden Enden ziehen, bis der Knoten festgezogen ist. Dann an der oberen Schnur ziehen, bis der Knoten rutscht und unter der Wicklung verschwindet. Beide Enden abschneiden und unter der Wicklung verstecken.

JOSEPHINENKNOTEN

Dieser Makrameeknoten ist auch als Tros-senstek oder Japanknoten bekannt. Er ist dem Carrick-Bend-Knoten (siehe unten) ähnlich, wird aber mit zwei statt mit nur einer Schnur geknüpft.

1 Machen Sie, wie gezeigt, eine Schlinge mit Schnur A indem Sie dabei die Schnur unter sich selbst legen.

2 Mit Schnur B eine zweite Schlinge legen, und diese, wie abgebildet, durch die erste Schlinge führen. Achten Sie darauf, dass Sie dem Muster von über- und untereinanderlie-gender Schnur exakt folgen.

3 Den Knoten verdoppeln (damit er stabiler wird) und zwei weitere Schnüre einfügen. Die beiden zusätzlichen Schnüre durch das Muster führen, indem Sie erst dem Weg von Schnur A, dann dem von Schnur B folgen. Achten Sie darauf, dass das zweite Muster parallel zum ersten liegt, ohne dass die Schnüre verdreht sind. Sie können sogar eine fünfte und sechste Schnur einknüpfen, um einen Dreifachknoten wie auf dem oben gezeigten Foto zu erhalten. Vorsichtig an den Schnüren ziehen, um den Knoten festzuziehen.

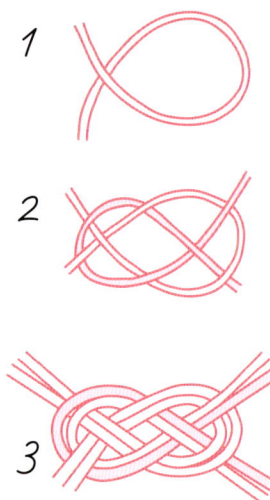

CARRICK-BEND-KNOTEN

Dieser hübsche dekorative Knoten kann flach geknüpft werden, dann wird er auch Rundplatting oder Carrick Bend Mat genannt, oder zu einer praktischeren Variante festgezogen werden. Arbeiten Sie hier mit einer Schnur.

1 Die Schnur in zwei Schlingen legen und dabei darauf achten, dass Sie dem Muster aus über- und untereinanderliegender Schnur exakt folgen.

2 Eine weitere Schlinge machen und darauf achten, dass die Arbeitsschnur dabei wie gezeigt unter, über, unter, über und unter der Schnur geführt wird.

3 Die Schnur weiter im Kreis schlingen, um eine vierte Schlinge zu erhalten und dem ursprünglichen Muster folgen, um den Knoten zu verdoppeln.

4 Zum Fortfahren knüpfen Sie den Knoten noch ein zweites oder drittes Mal nach. Achten Sie darauf, dass jede Wiederho-lung parallel zur ersten liegt und die Schnüre sich nicht überkreuzen.

TÜRKENBUND

Mit diesem Knoten entsteht ein mehrsträngiges Zopfmuster, wobei aber nur eine Schnur verwendet wird. Sie können um Röhren verschiedenster Größen knoten, um im Umfang zu variieren.

1 Machen Sie eine Schlinge um die Röhre, sodass die Schnur an der Vorderseite überkreuzt wird.
2 Die Schnur wieder nach vorne bringen, dann das Arbeitsende von rechts nach links über die erste und unter der zweiten Schlinge hindurchführen (weben).
3 Nun die rechte Schlinge über die linke ziehen, sodass neue Schlingen entstehen.
4 Das Arbeitsende von links nach rechts über die erste und unter der zweiten Schlinge hindurchführen (weben).
5 Die linke Schlinge über die rechte Schlinge ziehen.
6 Nun die Schritte 2–5 wiederholen, bis die Schnur wieder an ihrem Anfangspunkt angelangt ist.
7 Den Zopf fertigstellen, indem Sie dem ursprünglichen Muster ein zweites und ein drittes Mal folgen, sodass sie einen dreisträngigen Zopf erhalten.

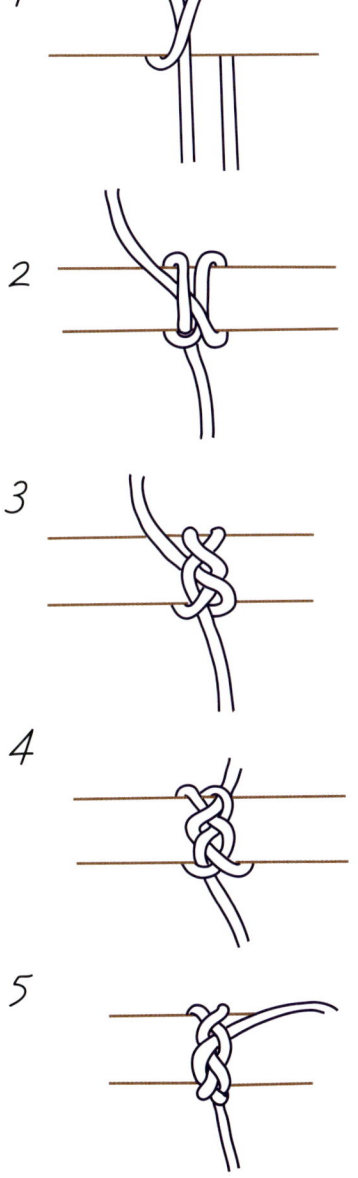

DIAMANTKNOTEN

Dies ist ein hübscher Verbindungsknoten, der mit zwei oder mehr Schnüren geknüpft wird. Auch wenn sein Erscheinungsbild sich mit einer höheren Anzahl an Schnüren ein wenig verändert, bleibt die Technik dieselbe. Er wird oft am Ende eines anderen Knotens geknüpft.

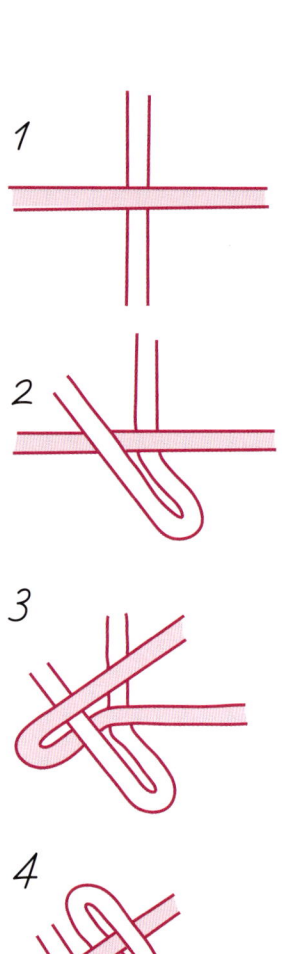

1 Zwei oder mehr Schnüre in der Mitte übereinanderlegen.
2 An einer Seite die untere Schnur nehmen und im Uhrzeigersinn über die nächste Schnur führen.
3 Weiter im Uhrzeigersinn arbeiten und die Schnur, die Sie gerade überkreuzt haben über die nächste Schnur legen.
4 Schritt 3 mit der nächsten Schnur wiederholen und so weiter.
5 Wenn Sie an der letzten Schnur arbeiten, fädeln Sie diese durch die Schlinge der ersten Schnur.
6 Alle Schnüre festziehen, sodass ein hübscher, klarer Knoten entsteht.

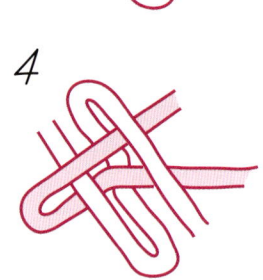

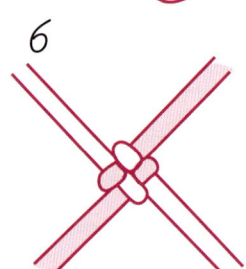

GEWOBENER KUGELKNOTEN

Der Gewobene Kugelknoten trägt seinen Namen aufgrund seiner perfekten Kugelform. Sie benötigen einerseits eine kleine Kugel (aus Holz oder Metall), um diese in den Knoten zu stecken, und einen kleinen Stab, etwa einen Holzdübel aus dem Bastelbedarf, als Hilfsmittel.

1. Eine Länge Schnur viermal um den Stab wickeln und genug Schnur an beiden Enden stehenlassen.

2. Das rechte Arbeitsende entlang des Stäbchens nach links weben: Führen Sie es über die rechte Schlinge, unter der nächsten hindurch, über die nächste und wieder unter der letzten hindurch.

3. Nun mit der linken Arbeitsschnur nach rechts arbeiten und sie dabei unter der Schnur, die Sie gerade verwoben haben, hindurchschieben. Die Schnur unter die erste, über die zweite, unter die dritte und über die letzte Schlinge führen.

4. Mit dem Arbeitsende auf der rechten Seite den oberen gewebten Teil nachweben, um ihn zu verdoppeln: Über, unter, über und unter die Schlingen führen.

5. Den unteren gewebten Teil mit der unteren linken Schnur zum Verdoppeln nachweben: Unter, über, unter und über die Schlingen führen.

6. Die beiden oberen Schnüre auseinanderziehen.

7. Die rechte Schnur zwischen die beiden oberen Schnüre weben.

8. Die beiden unteren Schnüre auseinanderziehen

9. Die untere linke Schnur erst unter, dann über die Schnur nach rechts weben.

10. Drehen Sie den Stab leicht zu sich, sodass Sie die große Lücke zwischen den horizontalen Schnüren sehen können. Nehmen Sie die rechte Schnur und weben Sie erst nach unten und dann nach oben nach links, um diese Lücke zu schließen.

11. Beide Schnüre sind nun auf der linken Seite. Schieben Sie den Knoten vorsichtig von dem Stäbchen.

12. Stecken Sie den Ball in den Knoten und ziehen Sie ihn fest. Verteilen Sie die Schnur um die Kugel, sodass Ihr Knoten eine gleichmäßige Form bekommt.

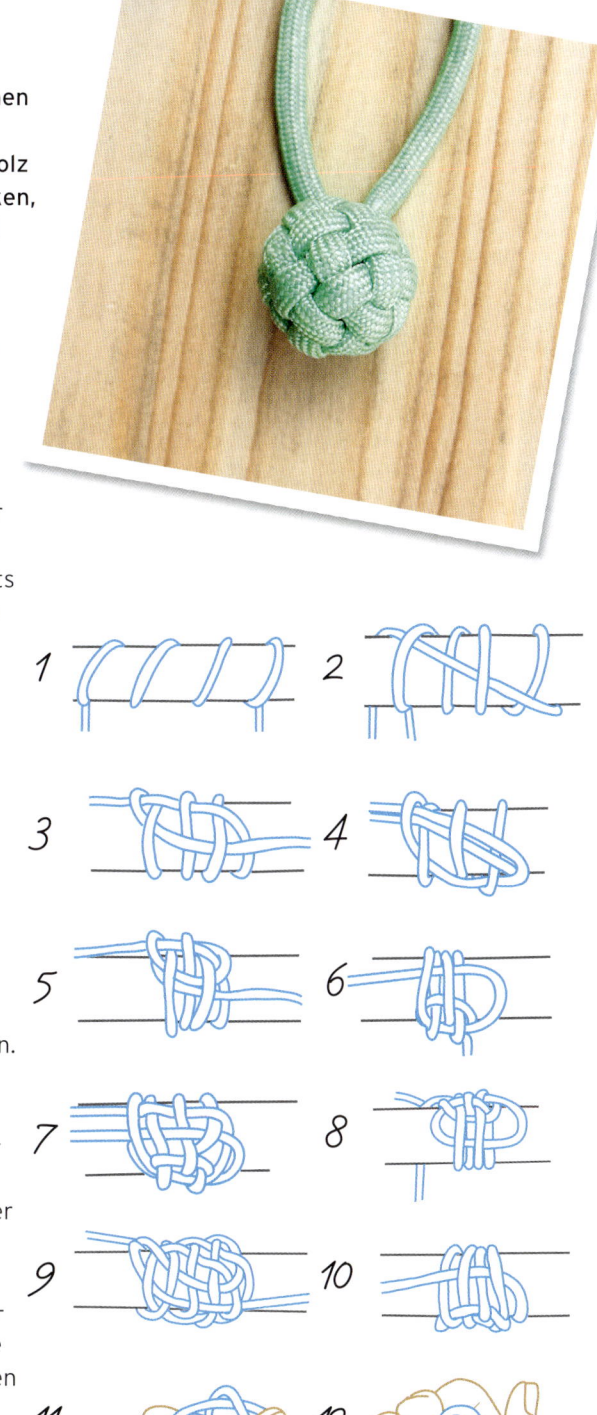

AFFENFAUSTKNOTEN

Beim Affenfaustknoten benötigen Sie nur ein Stück Schnur, um eine hübsche und ordentliche Kugel zu knüpfen.

1 Von links nach rechts arbeiten und die Schnur dreimal um Ihre Finger wickeln.
2 Das rechte Ende hinter den Schlingen entlang und zwischen drittem und viertem Finger wieder nach vorne führen.
3 Machen Sie zwei weitere Wicklungen nach hinten und nach vorne zwischen Ihren Fingern hindurch und folgen Sie dabei der ersten. Ziehen Sie Ihre Finger heraus und führen Sie die Arbeitsschnur durch die Mitte des Knotens.
4 Nun das Arbeitsende um und über die drei horizontalen Schlingen und durch die Mitte des Knotens führen. Noch zwei weitere Male die erste Schlinge nachwickeln.
5 Nun jede Schlinge festziehen, um eine ordentliche Kugelform zu erhalten.

KETTENSTEK

Auch als Knotenkette oder Achselschnur bezeichnet, ist dieser Knoten die Makramee-Version der gehäkelten Luftmaschenkette. Er ergibt eine ansehnliche, saubere Kette, die auf vielerlei Art verwendet werden kann, von der ganz einfachen bis zur sehr komplexen Anwendung.

1 Legen Sie eine Schlinge am Beginn einer langen Schnur.
2 Stecken Sie Ihre Finger durch diese Schlinge und erfassen Sie das lange Ende der Schnur.
3 Ziehen Sie diese Schnur hindurch, bis eine weitere Schlinge entsteht.
4 Wiederholen Sie die Schritte 2 und 3 immer wieder.
5 Wenn die Kette lang genug ist, sichern Sie sie, indem Sie das Arbeitsende der Schnur durch die letzte Schlinge ziehen.

1

2

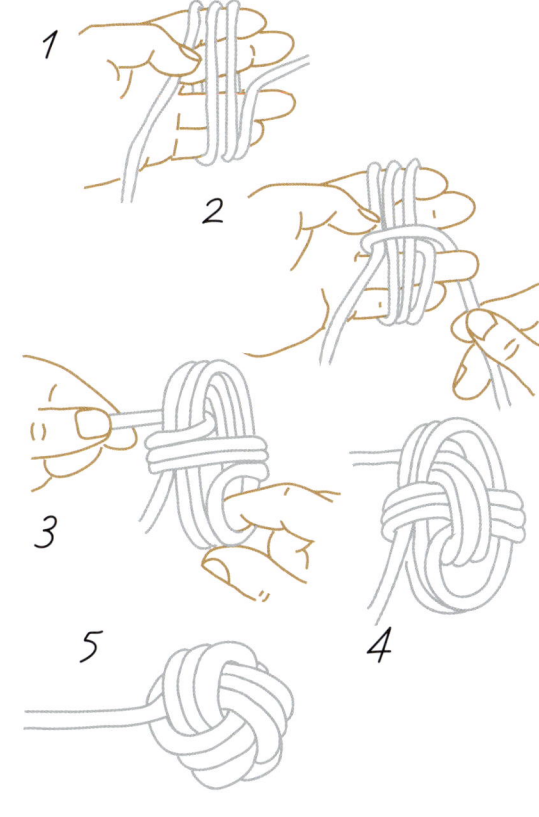

FISCHGRÄTKNOTEN

Als leicht zu flechtender Zopf ist der Fischgrätknoten hervorragend für Armbänder oder Gurte geeignet. Sie benötigen zwei Längen Paracord.

1 Die erste Länge Schnur doppelt nehmen, um sie zu einer Schlinge zu legen. Machen Sie einen Überhandknoten (siehe Seite 115) am Ende, um die Schlinge zu befestigen.

2 Nehmen Sie Ihre zweite Länge Schnur und beginnen Sie, ein Muster um die zur Schlinge gelegte Schnur zu weben. Führen Sie Ihr Arbeitsende durch die Mitte und über die rechte Schnur und wiederholen Sie dann die folgenden Bewegungen:

- Unter die rechte Schnur
- Über die linke Schnur
- Unter die linke Schnur
- Über die rechte Schnur

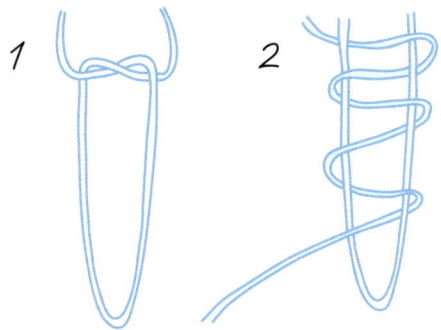

DREI- ODER FLACHER VIERSTRÄNGIGER ZOPF

Wenn Sie einmal ein Zopfmuster beherrschen, ist es sehr einfach, andere Zöpfe zu flechten. Beginnen wir mit dem traditionellen drei- oder dem flachen viersträngigen Zopf.

DREI STRÄNGE

1 Legen Sie Ihre Paracordlängen nebeneinander hin. Sie können sie am Anfang mit Klebeband festkleben.

2 Beginnen Sie mit der linken Schnur und legen Sie sie über die mittlere und unter die rechte Schnur.

3 Nun folgendes Muster wiederholen:
- Linke Schnur über die mittlere Schnur.
- Rechte Schnur über die mittlere Schnur.

VIER STRÄNGE

4 Legen Sie Ihre Paracordlängen nebeneinander hin. Sie können sie am Anfang mit Klebeband festkleben.

5 Führen Sie Schnur 2 unter Schnur 3 und über Schnur 4.

6 Führen Sie dann Schnur 1 über die neue Schnur 2.

7 Nehmen Sie die zwei mittleren Schnüre und führen Sie die linke unter die rechte Schnur.

8 Nun folgendes Muster wiederholen:
- Schnur links außen über die 2. Schnur und in die Mitte
- Schnur rechts außen unter die 3. Schnur und über die neue 2. Schnur

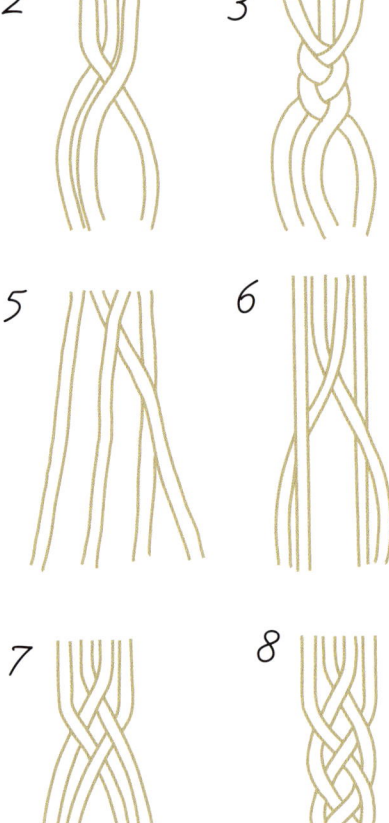

Dreisträngiger Zopf (mit doppelt genommenen Schnüren)

SECHSSTRÄNGIGER ZOPF

Dieser Zopf ist in seiner Methode dem drei- oder viersträngigen Zopf (siehe linke Seite) ähnlich, aber Sie flechten in einem etwas anderen Muster.

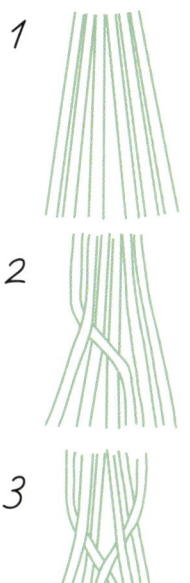

1 Alle sechs Schnüre auflegen. Sie können sie am Anfang mit Klebeband festkleben.

2 Zum Beginn die äußere linke Schnur unter die zweite und über die dritte Schnur führen.

3 Nun die äußere rechte Schnur über die fünfte, unter die vierte und über die neue dritte Schnur führen.

4 Nun folgendes Muster wiederholen:
    - Die linke Schnur unter und über die mittleren Schnüre von links nach rechts führen.
    - Die rechte Schnur über, unter und über die mittleren Schnüre von rechts nach links führen.

RUNDER VIERSTRÄNGIGER ZOPF AUS VIER ODER ACHT SCHNÜREN

Dieser Zopf kann aus vier oder acht Strängen geflochten werden. Um einen achtsträngigen Zopf zu flechten, nehmen Sie die Arbeitsschnüre einfach doppelt. Die Technik ist der für einen drei- oder viersträngigen Zopf (siehe Seite 126) recht ähnlich, aber unser Ziel ist es, eine rundere Form zu erhalten.

1 Teilen Sie Ihre Schnur in vier Stränge auf (wenn Sie mit 8 Schnüren arbeiten, sollten Sie vier Gruppen zu je 2 Schnüren haben). Sie können sie am Anfang mit Klebeband festkleben.

2 Am Beginn die Schnur links außen über die zweite Schnur und unter der dritten Schnur hindurchführen.

3 Die Schnur rechts außen hinter die zwei mittleren Schnüre legen.

4 Nun dieselbe Schnur über und dann unter den Schnüren hindurch nach rechts führen.

5 Die Schnur links außen hinter die zwei mittleren Schnüre legen.

6 Führen Sie dann dieselbe Schnur über und dann unter den Schnüren hindurch nach links.

7 Die Schritte 3-6 wiederholen, bis Sie die gewünschte Länge erreicht haben.

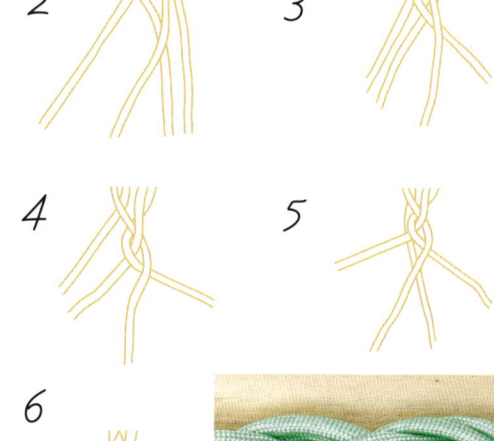

Runder viersträngiger Zopf aus 8 Schnüren

DIE KNOTEN   **127**

Index